SE LIGA NO DINHEIRO

Editor sênior Scarlett O'Hara
Designer sênior Sheila Collins
Editor de projeto sênior Ruth O'Rourke
Designer Mik Gates, Dave Ball
Ilustrações Sheila Collins, Mik Gates, Simon Mumford
Gerente editorial Francesca Baines
Gerente de arte Phil Letsu
Publisher Andrew Macintyre
Diretor de publicação Jonathan Metcalf
Diretor de publicação associado Liz Wheeler
Diretor de arte Karen Self
Controlador de pré-produção Gillian Reid
Produtor sênior Vivienne Yong
Editor de capa Claire Gell
Designer de capa Mark Cavanagh

GLOBO LIVROS
Editor responsável Camila Werner
Editor assistente Lucas de Sena Lima
Assistente editorial Milena Martins
Tradução Eloise De Vylder
Revisão Laila Guilherme e Vanessa Sayuri Sawada
Consultoria Adriana Fonseca
Editoração eletrônica Eduardo Amaral

Editora Globo S.A.
Av. Nove de Julho, 5.229 – 01407-907
São Paulo – SP
www.globolivros.com.br

Texto fixado conforme as regras do novo Acordo Ortográfico da Língua Portuguesa (Decreto Legislativo nº 54, de 1995)

Publicado originalmente na Grã-Bretanha em 2016, por Dorling Kindersley Limited, 80 Strand, Londres WC2R 0RL

Uma empresa Penguin Random House

Copyright © 2016 Dorling Kindersley Limited
Copyright da tradução © 2017 Editora Globo

CIP-BRASIL. CATALOGAÇÃO NA PUBLICAÇÃO
SINDICATO NACIONAL DOS EDITORES DE LIVROS, RJ

S443
Se liga no dinheiro / [Marcus Weeks]. - 1. ed. - São Paulo : Globo, 2017.
160 p. : il.

Tradução de: Heads up money
ISBN 9788525064158

1. Economia. I. Weeks, Marcus.

17-42754   CDD: 330   CDU: 330

1ª edição, 2017

Impressão e acabamento: RR Donnelley

Todos os direitos reservados. Nenhuma parte desta obra pode ser apropriada e estocada em sistema de banco de dados ou processo similar, em qualquer forma ou meio, seja eletrônico, de fotocópia, gravação etc., sem a permissão dos detentores dos copyrights.

www.dk.com
UM MUNDO DE IDEIAS

SE LIGA NO DINHEIRO

ESCRITO POR
MARCUS WEEKS

CONSULTORIA DE
DEREK BRADDON

Sumário

06 Um mundo de DINHEIRO

08 O que os ECONOMISTAS FAZEM?

Pra que DINHEIRO?

12 O que é DINHEIRO?

14 No MERCADO

16 Acompanhando a MOEDA

18 TROCA justa

20 Para onde foi o DINHEIRO?

22 Em foco: CRIPTOMOEDAS

24 Entendendo a ECONOMIA

26 Dinheiro e economia NA PRÁTICA

Quanto VALE?

30 O PROBLEMA econômico

32 Quem fica com o QUÊ?

34 Em foco: COMÉRCIO ÉTICO

36 BENS e SERVIÇOS

38 OFERTA e PROCURA

40 Por que algumas coisas são mais VALIOSAS?

42 Um enxame de INDÚSTRIAS

44 Em foco: EMPRESAS DE CAPITAL ABERTO

46 CONCORRÊNCIA saudável?

48 Quem está no COMANDO?

50 Como as empresas FUNCIONAM

52 Administrando de forma EFICIENTE

54 Em foco: MOVIMENTOS COOPERATIVOS

56 Ao TRABALHO

58 GRANDES gastadores

60 Recursos e empresas NA PRÁTICA

O dinheiro faz o MUNDO GIRAR?

64 Deixe ESTAR

66 COMÉRCIO livre

68 É um mundo PEQUENO

70 ALTOS e BAIXOS da economia

72 Em foco: BOLHAS ECONÔMICAS

74 Quando os mercados não FAZEM SUA PARTE

76 Um problema IMPOSTO

78 O que o FUTURO reserva?

80 Um negócio ARRISCADO

82 Uma APOSTA consciente

84 Em foco: HIPERINFLAÇÃO

86 A ganância é BOA?

88 Tomando a decisão CERTA

90 Em foco: CRISE FINANCEIRA DE 2007–2008

92 O custo para a TERRA

94 Mercados e comércio NA PRÁTICA

Dinheiro pode comprar FELICIDADE?

98 Medindo a RIQUEZA de um país

100 Quem fornece o DINHEIRO?

102 Criando DINHEIRO do nada

104 Por que alguns países são POBRES?

106 Em foco: INSTITUIÇÕES FINANCEIRAS INTERNACIONAIS

108 Quem se beneficia com a GLOBALIZAÇÃO?

110 O problema da POBREZA

112 Ajudando o MUNDO EM DESENVOLVIMENTO

114 Em foco: FORNECENDO ENERGIA

116 Hora de acertar as CONTAS

118 Desigualdade de RENDA

120 Padrão de vida e desigualdade NA PRÁTICA

O que tem no meu BOLSO?

124 Encontrando o EQUILÍBRIO

126 Ganhando a VIDA

128 Um lugar SEGURO para meu dinheiro

130 Você precisa MESMO disso?

132 Contando os CENTAVOS

134 Compre agora, pague DEPOIS?

136 Em foco: O VALOR DO TRABALHO

138 Como você gostaria de PAGAR?

140 DINHEIRO de viagem

142 Para os tempos DIFÍCEIS...

144 Fazendo PLANOS

146 Finanças pessoais NA PRÁTICA

148 Lista de economistas

152 Glossário

156 Índice

160 Agradecimentos

Um mundo de **DINHEIRO**

DIZEM QUE "O DINHEIRO FAZ O MUNDO GIRAR" E PARECE QUE NÃO CONSEGUIMOS VIVER SEM ELE. TODOS PRECISAMOS DELE, E MESMO ASSIM POUCOS ENTENDEM DE VERDADE O QUE É O DINHEIRO E POR QUE TEM TANTA IMPORTÂNCIA. POR QUE UMA NOTA DE PAPEL, UMA MOEDA OU UM PEDAÇO DE PLÁSTICO NOS PERMITE COMPRAR O QUE QUEREMOS? COMO A ECONOMIA AFETA OS NEGÓCIOS E OS EMPREGOS? COMO ELA AFETA O NOSSO AMBIENTE, NOSSA SOCIEDADE E O MUNDO? E QUAIS ESCOLHAS DEVEMOS CONSIDERAR PARA TER A VIDA QUE QUEREMOS E GARANTIR NOSSO FUTURO?

Sem dinheiro, não teríamos escolha a não ser trocar e permutar coisas todos os dias. Imagine o tempo que isso demandaria e como seria ineficiente. A invenção do dinheiro como um meio de troca faz a economia funcionar de forma rápida e eficiente, além de permitir negócios em escala global. A libra esterlina foi introduzida como moeda na Inglaterra no reinado do rei Offa da Mércia (757–796 d.C.). Na época, 240 *pennies* de prata equivaliam ao peso de uma libra de prata, daí o nome "libra esterlina".
Os Estados Unidos adotaram o dólar como unidade de moeda em 1785, equivalente a 270 grãos (unidade de peso equivalente a 0,065 g) de ouro ou 416 grãos de prata. Uma vez que as moedas de papel começaram a ser aceitas universalmente, o lastro de ouro e prata da moeda acabou, e o dinheiro de papel se tornou a norma.

Introdução

   Nossa economia hoje depende do dinheiro, complementado por formas adicionais de pagamento, como cartões de crédito, de débito, cartões pré-pagos e pagamentos sem contato feitos via telefone celular.
   O dinheiro também atua como medida de valor, depósito de valor (na forma de poupança) e pode ser usado para transferir valor entre indivíduos. O dinheiro hoje não só facilita o comércio – ele próprio se tornou um importante item de troca no mundo por motivos especulativos. A troca de dinheiro através dos mercados financeiros do mundo hoje excede 15 trilhões de reais por dia. Menos de 1% disso é associado ao comércio real, os outros 99% são gerados pela troca do próprio dinheiro! A economia afeta nossa vida de muitas formas, influenciando os setores para os quais trabalhamos e o modo como nosso governo funciona, chegando até ao dinheiro em nosso bolso ou carteira e como nós o gastamos.

O que os economistas fazem?

O que os ECONOMISTAS FAZEM?

ECONOMISTAS ACADÊMICOS

Ensinando economia
A economia é ensinada na maioria das faculdades e universidades e é uma escolha comum entre os estudantes que desejam uma carreira em negócios, finanças ou no governo.

Economista pesquisador
Muitos estudantes de economia seguem com seus estudos na universidade, e alguns se tornam economistas acadêmicos, ensinando e pesquisando teoria econômica.

ECONOMISTAS DO SETOR PÚBLICO

Economista político
Há muitas opções de carreira na política para os estudantes da área. Muitos políticos estudaram economia, e os governos empregam economistas profissionais para aconselhar nas políticas.

Economistas no governo
Muitos departamentos do governo empregam pessoas qualificadas em economia – em departamentos de impostos e finanças, por exemplo. Todas as áreas do serviço público requerem economistas.

ECONOMISTAS DO SETOR PRIVADO

Setor bancário
Formados em economia também trabalham no setor bancário. Seja em bancos comerciais, lidando com pessoas físicas e pequenas empresas, quanto em bancos de investimentos, oferecendo serviços financeiros para grandes corporações.

Corretores e analistas
Estudar economia é útil para os corretores dos mercados financeiros, como a bolsa de valores ou os mercados de commodities. Economistas também trabalham como analistas e consultores para corretoras.

Introdução

A ECONOMIA EXAMINA AS DIFERENTES FORMAS PELAS QUAIS GOVERNOS, EMPRESAS E INDIVÍDUOS GERENCIAM OS RECURSOS E FORNECEM BENS E SERVIÇOS. ALGUMAS PESSOAS QUE ESTUDARAM ECONOMIA TRABALHAM COMO ECONOMISTAS, CONSULTORES ECONÔMICOS PARA GOVERNOS OU EMPRESAS, OU NO DEPARTAMENTO DE ECONOMIA DE UNIVERSIDADES. OUTRAS USAM O SEU CONHECIMENTO DE ECONOMIA DE FORMA MAIS INDIRETA EM DIFERENTES CARREIRAS, TANTO NO SETOR PÚBLICO QUANTO NO PRIVADO.

Há dois principais campos de estudo: macroeconomia e microeconomia. No primeiro, estuda-se a economia dos países e seus governos.

Macroeconomia

Já a microeconomia estuda aspectos específicos da economia e examina o comportamento econômico de indivíduos ou empresas que compram e vendem bens e serviços.

... e microeconomia

Estudantes de economia não só estudam temas ligados a ideias econômicas, como administração, política, direito e sociologia, mas também temas como a filosofia.

Economia aplicada

Os economistas podem trabalhar em grandes organizações internacionais, como a ONU e o Banco Mundial. Economistas especializados em países em desenvolvimento também podem atuar em agências de auxílio e organizações beneficentes.

Economia do desenvolvimento

Alguns economistas trabalham como contadores ou consultores financeiros, orientando empresas, firmas de seguros ou indivíduos em assuntos como finaças pessoais, impostos e investimentos.

Consultores financeiros e contadores

A TV, o rádio e os jornais com frequência empregam jornalistas com qualificação em economia para falar sobre temas atuais e oferecer análise das notícias.

Na mídia

Pra que
DINHEIRO?

O que é DINHEIRO?

O dinheiro desempenha um papel importante em nossa vida. Nós ganhamos dinheiro para comprar o que precisamos e para guardar para o futuro. Trocamos nosso dinheiro por bens e serviços que são produzidos por todos os tipos de empresas. A economia é a disciplina que estuda não só o dinheiro, mas também a forma como esses bens e serviços são produzidos e administrados.

No MERCADO

Acompanhando a MOEDA

TROCA justa

Para onde foi o DINHEIRO?

ENTENDENDO a economia

Pra que dinheiro?

O que é DINHEIRO?

O DINHEIRO É UMA PARTE IMPORTANTE DA NOSSA VIDA. NÓS TRABALHAMOS DURO PARA GANHÁ-LO, E ALGUMAS PESSOAS ASSUMEM ALTOS RISCOS PARA MULTIPLICÁ-LO. ÀS VEZES, JULGAMOS O QUANTO AS PESSOAS SÃO BEM-SUCEDIDAS PELA QUANTIDADE DE DINHEIRO QUE TÊM, E HÁ PESSOAS QUE SOFREM PORQUE NÃO TÊM DINHEIRO SUFICIENTE.

Money, money, money

O que exatamente é o dinheiro? Quando pensamos sobre ele, a maioria de nós imagina dinheiro vivo – notas e moedas – que temos no bolso ou na carteira. Mas há também o dinheiro que é menos óbvio. Você pode, por exemplo, receber um cheque de presente de algum parente, ou um cupom para gastar em uma determinada loja. É provável que você tenha uma conta no banco em que você guarda a maior parte do seu dinheiro, mas nunca o vê, exceto como um número em seu extrato. Há também os cartões de crédito e de débito, além de formas de pagar pelas coisas através da internet – e tudo isso requer dinheiro.

Vamos trocar!

O dinheiro pode assumir várias formas, mas todas elas têm algo em comum. A primeira e mais óbvia é que podemos comprar coisas com ele. É a isso que os economistas chamam de "meio de troca". Se alguém está oferecendo algo que queremos ou de que precisamos, podemos oferecer em troca a essa pessoa alguma coisa que temos. Por exemplo, uma amiga pode ter ingressos para um jogo de futebol que não quer mais e eu ofereço trocá-los por um par extra de fones de ouvido que tenho. Ou então posso vender meus fones de ouvido para outra pessoa e usar o dinheiro para comprar os ingressos dela. O dinheiro que eu recebo pelos fones de ouvido é mais útil para mim, porque posso usá-lo para comprar todo tipo de coisa e de muitas pessoas diferentes que talvez não precisem de fones de ouvido.

> O DINHEIRO desempenha o papel mais IMPORTANTE em determinar o curso da HISTÓRIA.
>
> MANIFESTO DO PARTIDO COMUNISTA

⌂ Qual é a utilidade?

O dinheiro tem três principais utilidades: armazenar valor ou poupar, como unidade para medir qual é o valor de algo e como meio de troca para comprar bens e serviços.

Dinheiro e economia

... E EM TROCA POR COISAS.

> O AMOR PELO DINHEIRO É A RAIZ DE TODO MAL.
> **BÍBLIA KING JAMES**

Valor duradouro

O dinheiro tem também uma terceira função importante. É uma forma de economizar para o futuro, ou, como dizem os economistas, é uma "reserva de valor". Quando trabalhamos, somos pagos pelo que fazemos. Se não houvesse dinheiro, poderíamos ser pagos em coisas como alimentos ou outros itens necessários. Contudo, se recebemos um pacote de dinheiro como pagamento – ou ele é depositado em nossa conta bancária –, podemos usá-lo para comprar alimentos, roupas e para pagar nossas contas; ou seja, para muitas coisas diferentes. Se sobrar algum dinheiro depois que comprarmos o que precisamos, ele pode ser economizado para ser usado mais tarde. Há outras formas de acumular valor, por exemplo, comprando obras de arte, imóveis ou terras, mas o dinheiro é muito mais flexível e fácil de trocar. Para ser útil dessa maneira, ele precisa conservar o seu valor ao longo do tempo, de forma que o dinheiro em nossa conta bancária possa ser usado em troca do que é necessário.

Veja também: 22-23, 102-103

> A numismática é o estudo ou a coleção de dinheiro na forma de moedas e notas.

Colocando preço

Resta a dúvida de quanto valem os ingressos ou os fones de ouvido. É difícil verificar se uma troca entre duas coisas muito diferentes é justa, a menos que tenhamos um meio de medir o valor dos dois itens. Esta é outra função do dinheiro: é uma forma de colocar preço nas coisas. Ele funciona como uma "unidade de contagem". O dinheiro é um sistema de unidades, da mesma forma que moedas como dólar, libra, euro ou iene o são. Podemos usar essas unidades para colocar preço nas coisas, e isso nos permite comparar o seu valor.

O DINHEIRO TEM VALOR?

Imagine que você naufragou e foi parar numa ilha deserta. Na praia, chegaram do naufrágio uma maleta cheia de notas de dinheiro, um baú cheio de ouro e uma caixa com latas e pacotes de comida. O que é mais valioso para você? Será que o dinheiro ou o ouro valem alguma coisa se você não tem como gastá-los?

Pra que dinheiro?

No MERCADO

A MAIORIA DAS PESSOAS PENSA NO MERCADO COMO UM LUGAR ONDE OS VENDEDORES MONTAM SUAS BANCAS PARA VENDER FRUTAS, VERDURAS E OUTROS ITENS COTIDIANOS, OU TALVEZ NO SUPERMERCADO OU NO SHOPPING CENTER. MAS QUANDO OS ECONOMISTAS FALAM EM "MERCADO", ELE TEM UM SIGNIFICADO MAIS AMPLO, QUE INCLUI A TROCA DE TODOS OS TIPOS DE BENS E SERVIÇOS.

Na Grécia Antiga, o mercado, ou ágora, também era o centro social e político da cidade.

Conseguir o que precisamos

Em economia, o mercado não é um lugar, mas a forma pela qual podemos conseguir as coisas de que precisamos, tais como alimentos, roupas e eletrodomésticos. É também a forma pela qual os produtores dessas coisas podem oferecê-las para venda. Um fabricante de bicicletas, por exemplo, poderia colocá-las à venda em uma banca na feira, mas é mais provável conseguir vendê-las em lojas ou pela internet – essas são formas diferentes de colocá-las "no mercado".

Os mercados começaram quando as pessoas iam a um determinado lugar para comprar e vender coisas. Nas bancas, os vendedores ofereciam bens (coisas que eles haviam produzido, tais como alimentos) ou serviços (coisas que eles podiam fazer, como cortar o cabelo). Nas cidades modernas, os mercados tradicionais são menos comuns e foram substituídos por supermercados e shopping centers que vendem de tudo, desde alimentos até eletrodomésticos e roupas. Serviços também podem ser encontrados nos centros das cidades e em shopping centers. Cabeleireiros, advogados, restaurantes e oculistas oferecem seu conhecimento em lojas e escritórios.

> **A OFERTA** SEMPRE ACOMPANHA DE PERTO A **PROCURA.**
>
> ROBERT COLLIER, ESCRITOR DE AUTOAJUDA

⬇ Bens e serviços

Fornecedores de todos os tipos de bens e serviços vendem seus produtos oferecendo-os no mercado. Compradores podem escolher entre uma série de commodities, bens manufaturados e serviços.

COMMODITIES SÃO PROCESSADAS USANDO...

... BENS

Dinheiro e economia

Algo especial

Há também mercados especializados em um tipo de produto. Em cidades costeiras, por exemplo, costuma haver mercados de peixe. Os produtos de mercados especializados normalmente não são vendidos para o público em geral, mas para pessoas que vão processá-los e transformá-los em comida de alguma forma. Por exemplo, um agricultor pode vender sua produção de milho para um moinho que o transforma em farinha. Mas não é só a produção agrícola que é vendida em mercados especializados. Assim como o peixe e o milho, bens como ferro, carvão e diamante também ganharam mercados especializados – normalmente em cidades industriais e portos.

Comprar e vender

Juntos, todos os bens que são vendidos nesses mercados especializados são conhecidos como commodities e são vendidos em mercados de commodities específicos. Os bens desses mercados, que vão de café e chá até metais e plástico, normalmente são vendidos em grandes quantidades e não são levados fisicamente a um mercado – em vez disso, o mercado é simplesmente um lugar onde os corretores se encontram para acordar um preço e fazer o negócio. Normalmente, os corretores não estão comprando e vendendo para si mesmos, mas vendem em nome de produtores (como fazendeiros), ou compram em nome de indústrias que processam os bens, como indústrias de processamento de alimentos. Em todos esses diferentes tipos de mercado, seja uma simples banca numa feira, uma loja de departamentos ou um mercado de commodities, o princípio de comprar e vender é o mesmo. Eles fornecem um meio de distribuir recursos e uma forma de equilibrar a oferta com a procura.

MERCADOS DE AÇÕES
O mercado de ações é onde as pessoas compram frações de empresas, conhecidas como ações. Elas são negociadas nas bolsas de valores. Há prédios de bolsa de valores em cidades como Nova York, Londres e Tóquio. Há também um mercado virtual para transações eletrônicas, o NASDAQ (National Association of Securities Dealers Automated Quotations).

> **TODA MERCADORIA, ENQUANTO VALOR, É TRABALHO HUMANO REALIZADO.**
> **KARL MARX**

Veja também: 36-37

MANUFATURADOS...

... QUE PRECISAM DE SERVIÇOS.

Acompanhando a MOEDA

ANTES DA INVENÇÃO DO DINHEIRO, AS PESSOAS COSTUMAVAM TROCAR BENS E SERVIÇOS UMAS COM AS OUTRAS. ISSO REQUERIA QUE CADA PESSOA ENVOLVIDA NA TRANSAÇÃO TIVESSE ALGO QUE A OUTRA QUISESSE. PARA EVITAR ESSA RESTRIÇÃO, ERA NECESSÁRIO ENCONTRAR ALGO QUE FOSSE ACEITO POR TODOS E TIVESSE VALOR, UM TIPO DE MOEDA QUE PODERIA SER USADA PARA COMPRAR E VENDER COISAS.

> As primeiras cédulas de dinheiro, chamadas *jiaozi*, apareceram na China entre os anos 970 e 1279.

O que é valor?

As formas de moeda foram desenvolvidas no mundo antigo para substituir o complicado sistema de trocas, que requer que a pessoa com a qual você deseja trocar algo precise de alguma coisa que você tenha para oferecer em troca. Mas essas moedas não eram o dinheiro na forma como o conhecemos hoje. Em vez disso, produtos necessários ou úteis, como sacos de milho ou cevada, eram usados como meio de troca. Essa "moeda-mercadoria" podia ser usada para comprar todos os tipos de bens, que tinham seus preços estabelecidos em termos de um determinado peso de grãos. Os alimentos eram considerados valiosos, no entanto, muitas sociedades também valorizavam pedras preciosas, metais ou até conchas, que eram usados como moeda. Uma vantagem de usar esses outros tipos de moeda era que, além de serem consideradas valiosas, elas não se deterioravam com o tempo e eram mais convenientes do que grandes quantidades de grãos. Nas civilizações antigas do Mediterrâneo e do Oriente Médio, o ouro e a prata se tornaram o principal meio de troca, e os bens mudavam de mãos por meio de um determinado peso desses metais preciosos.

> **O OURO AINDA REPRESENTA A FORMA MAIS ELEMENTAR DE PAGAMENTO NO MUNDO.**
> ALAN GREENSPAN, EX-PRESIDENTE DO BANCO CENTRAL DOS EUA

Moedas e cédulas

Por conveniência, as pessoas começaram a produzir peças desses metais com pesos específicos, normalmente na forma de pequenos discos fáceis de carregar. Para facilitar a vida, o peso do metal era gravado em cada peça, transformando-as nas primeiras moedas assim reconhecidas. À medida que o uso dessas moedas se espalhou, elas passaram a ser gravadas com um símbolo de autoridade, como o rosto do governante do país, para mostrar que tinham um peso e uma qualidade padronizados. O dinheiro na forma de moedas foi adotado globalmente e existe até hoje.

O PADRÃO-OURO

O padrão-ouro foi usado por países para estabilizar suas moedas, fixando seu valor de acordo com um escasso e valioso recurso: o ouro. A uma moeda, tal como o dólar, era atribuído um valor correspondente a um determinado peso em ouro. O governo, que tinha a reserva de ouro, emitia cédulas e moedas que podiam depois ser trocadas por ouro.

Dinheiro e economia

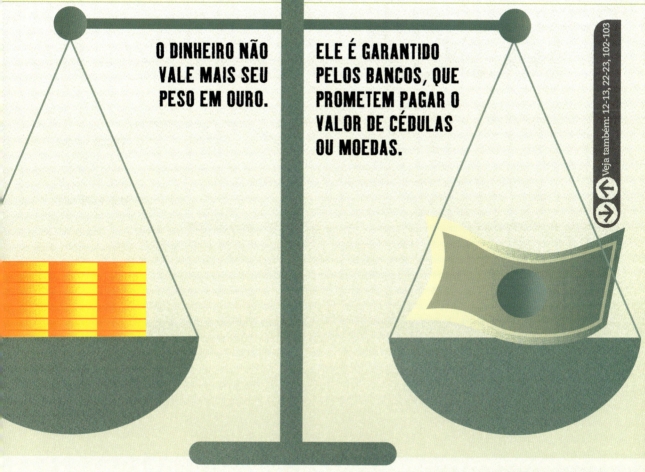

O DINHEIRO NÃO VALE MAIS SEU PESO EM OURO.

ELE É GARANTIDO PELOS BANCOS, QUE PROMETEM PAGAR O VALOR DE CÉDULAS OU MOEDAS.

Veja também: 12-13, 22-23, 102-103

A ideia da moeda-mercadoria, de atribuir preço aos bens de acordo com seu valor equivalente em ouro ou prata, por exemplo, evoluiu. Se alguém depositasse uma soma de dinheiro, na forma de moedas, o banco emitia um recibo num pedaço de papel. Este poderia ser usado quando a pessoa quisesse retirar o dinheiro mais tarde. Com o tempo, esses recibos passaram a ser aceitos como dinheiro, da mesma maneira que as moedas. Esse "dinheiro de papel" na forma de notas bancárias não tinha valor de verdade, era apenas uma promessa de pagamento em ouro ou prata.

Moeda corrente

Embora as moedas tenham continuado a ser usadas como dinheiro, elas também mudaram. Uma vez que ficou claro que o dinheiro não precisava ter nenhum valor real, os países começaram a fazer moedas de metais não preciosos. Elas, assim como as cédulas, não valem muito, mas representam uma quantia de dinheiro e podem ser usadas em troca de algo de valor. O sistema de usar algo que quase não tem valor como meio de pagamento é conhecido como moeda fiduciária e constitui a moeda corrente. O valor é declarado pelos órgãos que as emitem e é fixado por lei na maioria dos países.

⇧ Ouro de papel
Uma cédula quase não tem valor próprio, mas representa uma promessa do banco de que a quantia declarada, originalmente em ouro, será paga ao portador da nota.

O PROCESSO PELO QUAL OS BANCOS CRIAM DINHEIRO É TÃO SIMPLES QUE A MENTE O REJEITA.
JOHN KENNETH GALBRAITH

Pra que dinheiro?

TROCA justa

O DINHEIRO É USADO EM TODA PARTE DO MUNDO PARA COMPRAR E VENDER, PARA PAGAR PESSOAS PELO SEU TRABALHO E PARA COLOCAR UM PREÇO NAS COISAS. MAS ELE NÃO É O MESMO EM TODA PARTE. DIFERENTES PAÍSES E REGIÕES TÊM DIFERENTES UNIDADES DE DINHEIRO, OU MOEDAS, TAIS COMO O DÓLAR, A LIBRA INGLESA OU O IENE JAPONÊS.

Há 180 moedas reconhecidas pela ONU como moedas correntes.

A língua do dinheiro

Normalmente, o governo de um país está encarregado de produzir o dinheiro que é sua moeda. Ele supervisiona a fabricação de moedas e notas, numa fábrica chamada Casa da Moeda, que então são distribuídas por meio dos bancos. Como elas são autorizadas pelos governos como "moeda corrente" (ver p. 16), as pessoas podem confiar nesse dinheiro quando ele é usado para pagar por coisas. Cada país tem seu próprio governo, que decide qual unidade de moeda usar. Então, assim como as diferentes línguas evoluíram em diferentes países, o mesmo aconteceu com as moedas, e as pessoas podem usar seu dinheiro em troca de bens e serviços dentro de seu próprio país. Assim como acontece com as línguas, pode haver problemas para usar moedas em outros países. Se você vai ao exterior, precisa ter o dinheiro usado naquele país para fazer compras. Por exemplo, quem vai de São Paulo para Paris precisa trocar reais por euros.

O preço do dinheiro

Muitos produtos que usamos não são produzidos no nosso país, mas vêm do exterior e precisam ser importados. Empresas também vendem seus produtos para clientes de todo o mundo. Esse comércio internacional costuma envolver transações entre pessoas que usam diferentes moedas. Para fazer isso, precisa haver uma forma de trocar dinheiro de uma moeda para outra. Pessoas que viajam para o exterior podem conseguir moeda estrangeira em um banco ou em uma casa de câmbio, uma empresa especializada em trocar dinheiro. Eles oferecem dinheiro a uma determinada taxa de câmbio – a quantia de moeda estrangeira que eles darão em troca de um real, por exemplo. A taxa de câmbio também é usada quando os países fazem comércio uns com os outros. Uma empresa brasileira pode oferecer seus produtos para venda dando o preço em reais, e os clientes podem usar a

Dinheiro e economia

taxa de câmbio para ver quanto isso vale em sua própria moeda e então trocar seu dinheiro por reais para comprá-los.

Moeda forte e fraca

Quando as pessoas trocam seu dinheiro por outra moeda, na verdade elas estão comprando dinheiro estrangeiro. Embora possa parecer estranho pensar em comprar e vender dinheiro, é exatamente isso que os bancos e casas de câmbio fazem, e a taxa de câmbio é o preço desse dinheiro. Nesse

O EURO

Depois da Segunda Guerra Mundial, muitos países europeus se uniram para promover a paz e firmar parcerias de comércio. Cresceu a ideia de uma moeda única na União Europeia, substituindo as diferentes moedas de seus países-membros. Em 1999, o euro (€) foi criado para transações eletrônicas, e, em 2002, moedas e cédulas foram emitidas nos países da zona do euro.

> O DINHEIRO COSTUMA CUSTAR MUITO CARO.
> RALPH WALDO EMERSON, ENSAÍSTA E POETA

sentido, as moedas são como qualquer outro produto que pode ser comprado e vendido. Na verdade, há mercados especializados que negociam moedas estrangeiras, os mercados de câmbio. É neles que os preços das diversas moedas, e portanto as taxas de câmbio, são estabelecidos, de acordo com a procura que existe por elas. Por isso, as taxas de câmbio podem variar dia a dia, afetando os preços dos bens que são comercializados internacionalmente. Contudo, a taxa de câmbio decidida pelo mercado e, portanto, a quantia de uma moeda estrangeira que você recebe pelo seu dinheiro, pode não ser um parâmetro exato do que você pode comprar com ela em outro país. As moedas de países menores e mais pobres não têm tanta procura quanto as principais moedas como o dólar, o iene ou o euro, então seu valor é mais baixo. Quando um visitante de um país rico viaja para esses países, ele pode comprar mais com sua moeda forte do que poderia comprar em seu país. Costuma haver, portanto, uma grande diferença entre a "taxa de câmbio nominal" oferecida pelos bancos e a taxa de câmbio real.

AS MOEDAS SÃO UM POUCO COMO AS LÍNGUAS...

PARA COMPRAR COISAS EM UM PAÍS, VOCÊ PRECISA TER A MOEDA DAQUELE PAÍS, O QUE SIGNIFICA TROCAR SUA MOEDA HABITUAL POR OUTRA. AO FAZER ISSO, VOCÊ ESTÁ NA VERDADE COMPRANDO DINHEIRO.

Pra que dinheiro?

Para onde foi o

HOJE CADA VEZ USAMOS MENOS O DINHEIRO, AS MOEDAS E AS NOTAS QUE TEMOS EM NOSSOS BOLSOS E CARTEIRAS. EM VEZ DISSO, FAZEMOS PAGAMENTOS USANDO CARTÕES OU ATÉ NOSSOS SMARTPHONES. NESSAS TRANSAÇÕES, NÃO PODEMOS VER NEM TOCAR O DINHEIRO QUE ESTAMOS GASTANDO. ELE NÃO EXISTE NUMA FORMA FÍSICA. ENTÃO PARA ONDE FOI TODO O DINHEIRO?

Uma questão de confiança

O dinheiro físico – moedas e notas – não vale muito por si só. São apenas pedaços de papel e metal barato, mas que têm valor porque podemos trocá-los por aquilo que queremos comprar (ver pp. 16-17). Quando compramos algo, as pessoas que recebem nosso dinheiro o aceitam porque sabem que ele pode ser trocado por outras coisas. Essa troca é uma questão de confiança. Nós só aceitamos esses pedaços de papel e metal como pagamento porque acreditamos que eles podem ser usados para pagar por outras coisas. Quando pagamos algo com esse tipo de dinheiro, estamos prometendo à outra pessoa que ela pode comprar coisas com ele também. Na verdade, as primeiras cédulas bancárias eram exatamente isso – bilhetes assinados prometendo que o banco os trocaria por alguma coisa com valor real, como o ouro. A ideia de uma "nota promissória" também se transformou no sistema de cheques. Em vez de guardar todo o seu dinheiro na forma de notas e moedas, você pode colocá-lo no banco, numa conta bancária, e retirá-lo em pequenas quantias ou assinar um cheque quando precisa pagar por algo. Um cheque é simplesmente uma promessa de que o banco pagará à outra pessoa com dinheiro de sua conta. Na prática, contudo, o que acontece é que nenhum dinheiro físico muda de mãos. A quantia de dinheiro escrita no cheque é deduzida da sua conta bancária e creditada na conta da pessoa que você está pagando. O banco na verdade não move nenhum ouro ou prata de um lugar para outro, mas simplesmente muda os números em seus registros, quer seja no papel ou, mais provável hoje em dia, na memória do computador.

Dinheiro eletrônico

Com os avanços da tecnologia, até o pedaço de papel em que o cheque é assinado se tornou desnecessário. Cartões de crédito e débito com chips de segurança substituíram quase que completamente essas transações em papel. Quando um pagamento é feito, a quantia é automaticamente deduzida de uma conta e creditada em outra. Em vez de uma assinatura, agora usamos um PIN (número de identificação pessoal) ou uma senha. Também

Menos dinheiro vivo
Embora ainda usemos dinheiro em espécie para comprar pequenos itens do cotidiano, cada vez mais fazemos compras online ou até pelo smartphone.

Dinheiro e economia

DINHEIRO?

podemos usá-los para compras online e para transferir dinheiro eletronicamente de uma conta para outra. Assim como acontece com os pagamentos pelos bens que compramos, muitas pessoas recebem seus salários diretamente em sua conta bancária através de transferências eletrônicas. Nossas transações financeiras são cada vez mais eletrônicas, e, exceto por compras pequenas, usamos cada vez menos dinheiro em espécie. Podemos, por exemplo, acessar nossas contas e fazer compras diretamente a partir de nossos smartphones [veja quadro abaixo].

Mesmo as quantias relativamente pequenas de dinheiro que usamos, costumamos retirar dos bancos de forma eletrônica, usando cartões de débito nos caixas eletrônicos.

> TODO **DINHEIRO** É UMA QUESTÃO DE **CONFIANÇA**.
> **ADAM SMITH**

Pé na realidade

Ainda há uma grande quantidade de dinheiro em circulação. Isso se deve em parte porque ele ainda é útil para transações do cotidiano que envolvem pequenas quantias. Também há pessoas que confiam mais no que consideram dinheiro "real" – em espécie – do que no dinheiro invisível e intangível das transações eletrônicas. Entretanto, a maior parte do dinheiro hoje é "virtual", lembrando-nos de que o dinheiro, afinal de contas, vale aquilo que acreditamos que ele vale.

97% de todo o dinheiro que "existe" hoje existe apenas na forma virtual.

A MAIOR PARTE DO DINHEIRO MODERNO NÃO EXISTE NA FORMA FÍSICA.

DINHEIRO ONLINE

O dinheiro, ou pelo menos as moedas e notas, ainda é útil hoje em dia para fazer pequenos pagamentos, como para comprar café, por exemplo. Mas com os cartões e aplicativos para smartphone, até mesmo essas transações estão se tornando cada vez mais eletrônicas. Talvez em breve, mecanismos de reconhecimento do rosto, da voz ou das digitais tornem possível tocar num botão ou dar um comando para pagar coisas.

EM FOCO

CRIPTOMOEDAS

AVANÇOS NA TECNOLOGIA MUDARAM A FORMA COMO FAZEMOS NEGÓCIOS. PODEMOS COMPRAR COISAS ONLINE DE VENDEDORES DE TODO O MUNDO, E O DINHEIRO ENTRA E SAI DE NOSSAS CONTAS BANCÁRIAS SEM QUE SEJA PRECISO VÊ-LO OU TOCÁ-LO. HÁ ATÉ MOEDAS QUE EXISTEM APENAS EM FORMATO DIGITAL.

MOEDAS DESCENTRALIZADAS

O dinheiro está se tornando mais "eletrônico", na medida em que uma parte cada vez maior dele existe apenas na memória dos computadores dos bancos. Mas também surgiram moedas verdadeiramente digitais, que não são administradas por um banco central. Elas usam sistemas de pagamento *peer-to-peer*, nos quais os usuários fazem transações diretas. Essas moedas descentralizadas também são independentes dos governos, apoiando-se na confiança dos usuários e não em uma autoridade central.

MOEDA DIGITAL

Com o aumento das transações online, as transferências eletrônicas de dinheiro se tornaram cada vez mais comuns. Essa ideia de "dinheiro eletrônico" inspirou a invenção de várias moedas novas, puramente eletrônicas, nos anos 1990, como um meio de troca baseado na internet. Algumas dessas "moedas virtuais" só são aceitas dentro de comunidades virtuais, mas há também moedas digitais que são aceitas no mundo real, como o bitcoin.

Em 2009, o bitcoin se tornou a primeira moeda descentralizada.

Dinheiro e economia

"O relativo sucesso do **bitcoin** prova que o **dinheiro** depende acima de tudo da **confiança**."

AARON GRUNBERG, COLUNISTA DE JORNAL HOLANDÊS

CRIPTOGRAFIA

Em vez de lastrear uma moeda digital com reservas de ouro ou títulos do governo, algumas se apoiam apenas na confiança de seus usuários. O dinheiro no sistema é criado por uma rede de usuários, usando criptografia, uma forma de garantir a segurança da informação com códigos complexos. A primeira dessas criptomoedas, como elas são conhecidas, foi o bitcoin. Depois vieram muitas outras, normalmente chamadas de altcoins.

LADO NEGATIVO

Assim como o dinheiro convencional, o dinheiro eletrônico tem um lado negativo. Os bancos estão constantemente atualizando a segurança de seus computadores, mas os criminosos não costumam ficar muito para trás. As novas moedas digitais, até mesmo as criptomoedas mais sofisticadas, não são imunes aos crimes cibernéticos. Novos sistemas e tecnologias precisam evoluir constantemente para tornar nossas transações seguras e mais convenientes.

Pra que dinheiro?

ESCOLA CLÁSSICA

ADAM SMITH
(1723–1790)
A RIQUEZA DAS NAÇÕES, PUBLICADO EM 1776

ESCOLA MARXISTA

KARL MARX (1818–1883)
O MANIFESTO COMUNISTA, PUBLICADO EM 1848;
O CAPITAL, PUBLICADO EM 1867, 1885 E 1894

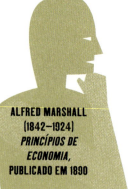

ESCOLA NEOCLÁSSICA

ALFRED MARSHALL
(1842–1924)
PRINCÍPIOS DE ECONOMIA, PUBLICADO EM 1890

ESCOLA AUSTRÍACA

FRIEDRICH HAYEK
(1899–1992)
O CAMINHO DA SERVIDÃO, PUBLICADO EM 1944

ENTENDENDO a

AS PESSOAS VÊM PENSANDO SOBRE A FORMA COMO GERIMOS NOSSOS RECURSOS E DISTRIBUÍMOS BENS E SERVIÇOS DESDE QUE AS PRIMEIRAS CIVILIZAÇÕES FORAM ESTABELECIDAS. AO LONGO DOS SÉCULOS, EXISTIRAM MUITAS EXPLICAÇÕES DIFERENTES SOBRE COMO FUNCIONAM AS ECONOMIAS E AS MELHORES FORMAS DE ADMINISTRÁ-LAS.

95% DA ECONOMIA É BOM SENSO... DE UM JEITO COMPLICADO.
HA-JOON CHANG

Pensamento iluminista

A disciplina economia como conhecemos só surgiu no final do século 18. Durante o Iluminismo, quando pensadores e cientistas estavam desafiando as ideias convencionais, o escocês Adam Smith (ver p. 32) desenvolveu uma nova forma de pensar a economia. Smith, junto com outros pensadores, observou a forma como os bens eram produzidos e trocados. Antes, pensava-se que o comércio era basicamente uma questão de ganhar algo à custa dos outros, mas ele propôs que ambos os participantes de uma transação poderiam se beneficiar. Essas ideias estabeleceram a base da economia moderna e formaram o que se chama de escola Clássica.

Poder às pessoas

Não é coincidência que essas novas ideias tenham surgido na Inglaterra pela primeira vez. O país estava deixando de ser uma economia eminentemente agrícola para se tornar uma das primeiras nações industriais, e a sociedade estava mudando. A Revolução Industrial, como ficou conhecida, trouxe consigo não só mais prosperidade para os donos de fábricas e moinhos, mas também pobreza para os trabalhadores das novas indústrias. Karl Marx (ver p. 48) achou que isso era injusto e indicava uma falha da economia de mercado ao não distribuir a riqueza de forma igualitária. Ele recomendou que as fábricas e outros meios de produção fossem tomados de seus donos, os capitalistas, e entregues ao controle dos trabalhadores para que estes pudessem se beneficiar diretamente de seu trabalho. Embora as ideias de Marx tenham sido adotadas mais tarde por vários Estados comunistas, muitos economistas as rejeitaram, acreditando no poder do

Veja também: 12-13, 14-15

Dinheiro e economia

ESCOLA KEYNESIANA

JOHN MAYNARD KEYNES
(1883–1946)
A TEORIA GERAL DO EMPREGO, DO JURO E DA MOEDA,
PUBLICADO EM 1936

ESCOLA DE CHICAGO

MILTON FRIEDMAN
(1912–2006)
CAPITALISMO E LIBERDADE,
PUBLICADO EM 1962

ESCOLA BEHAVIORISTA

HERBERT SIMON
(1916–2001)
COMPORTAMENTO ADMINISTRATIVO
4ª EDIÇÃO,
PUBLICADO EM 1997

SEMPRE EXISTIRAM MUITAS ESCOLAS DE PENSAMENTO ECONÔMICO

Diferenças de opinião
Ao longo dos últimos dois séculos e meio, surgiram muitas interpretações diferentes da economia. Economistas influentes apresentaram novas ideias e inspiraram escolas de pensamentos distintos.

economia

Veja também: 30-31, 66-67

mercado para distribuir os recursos. No final do século 19, Alfred Marshall (1842-1924) e Leon Walras (1834-1910), entre outros, estabeleceram a escola Neoclássica, descrevendo e explicando teorias clássicas usando princípios matemáticos e científicos.

Mercado livre
A chamada escola Austríaca de economistas reagiu com mais força às ideias de Marx. Em particular, Friedrich Hayek apontou o fracasso dos governos comunistas em gerir economias prósperas. A escola Austríaca argumentava que os governos tinham controle demais e não permitiam que as pessoas e as empresas operassem livremente. A sugestão deles, de mercados totalmente livres de regulação ou intervenção, de uma economia do *laissez-faire*, também foi adotada por economistas como Milton Friedman, da escola de Chicago.

Evitando o fracasso
Durante os anos 1930, a Grande Depressão (ver pp. 74-75) mostrou que o livre mercado também podia fracassar. Um dos economistas mais influentes do século 20, John Maynard Keynes (ver p. 111) defendeu

"Economia" vem do grego e significa "administração da casa".

suas teorias de como alguma intervenção e controle do governo poderiam ajudar a prevenir esses fracassos.

Aprendendo com o passado
Cada uma dessas escolas de pensamento econômico foi produto de sua época, mas muitos de seus princípios ainda podem ser aplicados hoje. Os economistas podem olhar para trás para ver quais dessas teorias funcionaram melhor no mundo real, e adaptá-las e melhorá-las.

A ECONOMIA É UMA CIÊNCIA?
Muitos economistas consideraram sua disciplina uma espécie de ciência. Mas ela não é uma "ciência exata" como a física. O dinheiro não é um fenômeno natural, mas uma invenção humana, moldada por nosso comportamento e influenciada por ideias políticas. E, por não ser uma ciência exata, pode ser difícil provar se uma teoria está certa ou errada.

Pra que dinheiro?

CLONAGEM

Um dos pontos negativos de moedas e notas é que elas podem ser facilmente forjadas. Ao longo da história, falsificadores fizeram moedas de "ouro" com metais mais baratos e imprimiram cédulas falsas. Mas o custo de forjar notas e moedas é alto e costuma não valer a pena – clonar cartões bancários pode trazer benefícios muito maiores.

NOVAS IDEIAS ECONÔMICAS

Existem muitas teorias econômicas, algumas delas contradizendo diretamente as outras. Isso acontece porque a economia está em constante mudança com os avanços na tecnologia e na forma de fazer negócios. Assim os economistas desenvolvem novas teorias mais adequadas ao mundo atual.

Dinheiro e economia
NA PRÁTICA

PREVENDO O FUTURO

Os economistas descrevem e explicam como funciona a economia. Mas a economia não é uma "ciência exata" na qual se pode provar se uma teoria é verdadeira ou falsa. Alguns sugerem como a economia deve ser administrada e o que acontecerá se agirmos de determinada maneira. Mas isso é imprevisível, e seus prognósticos podem estar desastrosamente errados.

DINHEIRO NA MÃO

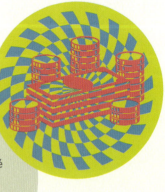

Embora possamos pagar pelas coisas eletronicamente, muitas pessoas preferem usar dinheiro em espécie. Algumas até acham que podem confiar mais nele porque podem vê-lo e segurá-lo. O lado negativo disso é que ele pode ser perdido ou roubado e, diferentemente dos cartões ou da moeda digital, ele não tem nenhuma garantia.

Dinheiro e economia

RECURSOS FINITOS

As pessoas nos países ricos costumam dar por certa a oferta constante de recursos essenciais. Nos países mais pobres, um recurso natural como a água pode estar em falta. E, mesmo quando há uma quantidade suficiente de um recurso, ele pode não ser distribuído de forma igualitária. Alguns recursos, como o petróleo, acabarão um dia. O economista pode sugerir formas de administrar esses recursos.

MACRO E MICROECONOMIA

Durante o século 20, a economia se dividiu em dois campos: microeconomia e macroeconomia. Alguns economistas se concentraram no comportamento das pessoas e empresas, ou microeconomia. Outros se concentraram na macroeconomia – a economia de um país ou do mundo como um todo.

A forma como o dinheiro e o mercado funcionam afeta nossa vida cotidiana – toda vez que usamos nossas contas bancárias ou compramos algo em uma loja. Avanços na tecnologia estão mudando a maneira como usamos o dinheiro, mas os mesmos princípios se aplicam quer usemos cédulas e moedas ou façamos nossas transações online.

ROUBO À LUZ DO DIA

Hoje, as agências bancárias têm menos dinheiro em espécie, então os assaltantes mais espertos não entram num banco com um saco e uma arma. Em vez disso, eles trabalham no computador, hackeando as contas e transferindo o dinheiro eletronicamente. Isso faz com que a segurança cibernética seja uma das prioridades dos bancos atualmente.

MOEDA ÚNICA

A ideia de uma moeda única mundial existe há muito tempo. Mas, enquanto cada país tiver seu governo, isso parece impossível. O mais próximo que temos disso é o dólar norte-americano, que é aceito em alguns países junto com a moeda local, ou as novas moedas virtuais como o bitcoin.

Quanto VALE?

O PROBLEMA econômico

Quem fica com o QUÊ?

BENS e serviços

OFERTA e PROCURA

Por que algumas coisas são mais VALIOSAS?

Um enxame de INDÚSTRIAS

CONCORRÊNCIA saudável?

Quem está no COMANDO?

Como as empresas FUNCIONAM?

Administrando de forma EFICIENTE

Ao TRABALHO

GRANDES gastadores

Os produtos de que precisamos são fornecidos por empresas de diferentes setores, como o agrícola e o manufatureiro, e vendidos para nós através dos mercados. O preço que pagamos por eles – o quanto os valorizamos – depende de quão escasso ou abundante é o recurso, quanta procura existe por esses bens e se essa demanda está sendo atendida pela oferta.

Quanto vale?

O PROBLEMA econômico

> Estima-se que a população mundial será de 9,6 bilhões de pessoas em 2050.

A ECONOMIA NÃO DIZ RESPEITO APENAS AO DINHEIRO. EMBORA ELE SEJA UM TEMA IMPORTANTE DA DISCIPLINA, A ECONOMIA TRATA DA FORMA COMO ADMINISTRAMOS NOSSOS RECURSOS, COMO USAMOS O QUE ESTÁ DISPONÍVEL PARA SATISFAZER AS NECESSIDADES E OS DESEJOS DE TODOS. ISSO ÀS VEZES É CONHECIDO SIMPLESMENTE COMO "O PROBLEMA ECONÔMICO".

Desejos e necessidades

Nossas necessidades e desejos mudam constantemente e parecem ser ilimitados, mas as coisas de que precisamos para atender essas demandas, os recursos, são limitadas. Os economistas usam o termo "escassez" para descrever essa situação: uma coisa é dita escassa quando há menos dela do que é necessário. Se o que desejássemos estivesse disponível em quantidades ilimitadas, não haveria problema em satisfazer nossas necessidades ilimitadas. Na prática, contudo, os recursos são escassos e ficam aquém das necessidades tanto nos países ricos quanto nos pobres. Há muitos tipos de recursos que os economistas identificaram como necessários. Os mais óbvios são os recursos naturais, como a água, que obtemos diretamente do meio ambiente. Mas eles também incluem plantas que crescem

> A TERRA FORNECE O SUFICIENTE PARA SATISFAZER A NECESSIDADE DE TODOS, MAS NÃO A GANÂNCIA DE TODOS.
>
> MAHATMA GANDHI, LÍDER DO MOVIMENTO DE INDEPENDÊNCIA DA ÍNDIA

DESASTRE!

Os recursos não estão distribuídos igualmente em todo o mundo e são mais escassos em algumas regiões do que em outras. Comida e água, por exemplo, são abundantes em alguns lugares, mas em outros as pessoas mal têm o suficiente para permanecer vivas. A menos que elas tenham outros recursos, como petróleo, suas economias são precárias e vulneráveis a desastres como secas, safras ruins ou doenças.

Recursos e empresas

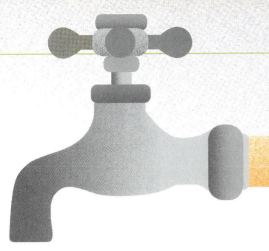

AJUSTAR RECURSOS LIMITADOS A NECESSIDADES E DESEJOS ILIMITADOS...

RESOLVER O PROBLEMA ECONÔMICO SIGNIFICA ENCONTRAR RESPOSTAS PARA QUESTÕES COMO O QUE PRODUZIR, COMO PRODUZIR MELHOR E PARA QUEM PRODUZIR.

Veja também: 32-33, 38-39

naturalmente, ou animais que vivem na natureza, que podemos usar como alimento. Há também formas pelas quais podemos usar a terra, através da agricultura para produzir alimentos ou da mineração para extrair recursos como o carvão. Às vezes chamados de "recursos da terra" – mas que incluem recursos que tiramos do mar –, eles nos fornecem matérias-primas para produzir os bens de que precisamos. Mas a quantidade de terra no mundo é finita e não pode fornecer recursos ilimitados. Embora possamos continuar plantando alimentos, ou usando fontes de energia renovável como o sol ou o vento, outros recursos acabarão por se esgotar.

Produzir coisas

Outros recursos não ocorrem naturalmente, mas são produzidos a partir das matérias-primas. Esses recursos feitos pelo homem, conhecidos como bens de capital ou bens de produção, incluem maquinário, prédios (como fábricas) e transportes (como ferrovias), que são usados na produção e na distribuição de bens. Para produzir tudo isso, precisamos de outro tipo de recurso: o trabalho. Recursos humanos, na forma de trabalhadores, são uma parte essencial da produção de bens e serviços. Além do trabalho físico, os recursos humanos incluem habilidades, conhecimento e informação.

Administrar recursos

Cada sociedade tem acesso a todos esses recursos ou a parte deles. Mas também pode ter uma população em crescimento, com necessidades e desejos que mudam rapidamente. Resolver o problema de ajustar a demanda com os recursos limitados envolve fazer escolhas, tomar decisões e encontrar uma resposta para três questões básicas. Quais os bens e serviços que se deve produzir? Muitos recursos podem ser usados para produzir várias coisas diferentes: a terra pode ser usada para plantar alimentos essenciais ou uvas para fabricar vinho, e um prédio grande pode ser um hospital ou um hotel de luxo. Qual é a melhor forma de produzir bens e serviços? Alguns países têm poucos recursos naturais mas têm uma população grande, o que significa que são fortes em recursos humanos. Se eles se concentram nos bens e serviços que podem produzir de forma mais eficiente, podem ganhar dinheiro para importar as coisas de que precisam. Para quem são produzidos os bens e serviços? Não é possível produzir tudo o que todo mundo precisa ou quer, então cada sociedade deve encontrar uma forma de decidir quem irá se beneficiar dos recursos e como os bens e serviços serão distribuídos entre seus membros.

Quem fica com o QUÊ?

É CLARO, DEVEMOS PRODUZIR COISAS QUE ATENDAM ÀS NECESSIDADES E DESEJOS DAS PESSOAS, MAS COMO DECIDIR SOBRE O DESTINO DOS NOSSOS RECURSOS? E COMO GARANTIR QUE OS BENS E SERVIÇOS QUE PRODUZIMOS SERÃO DISTRIBUÍDOS PARA AS PESSOAS QUE PRECISAM DELES OU OS DESEJAM?

> TALVEZ CHEGUE O DIA EM QUE **HAVERÁ** O SUFICIENTE **CIRCULANDO**, E QUANDO NOSSOS **TRABALHADORES** PODERÃO **DESFRUTAR** DA PROSPERIDADE.
>
> **JOHN MAYNARD KEYNES**

Quem decide?

Não temos uma oferta infinita de recursos como terra e trabalho. O problema é que eles podem ser usados para produzir diferentes coisas, então temos de decidir qual a melhor maneira de usá-los para atender a nossas necessidades e desejos. Além dessa alocação de recursos, existe a questão de quem deve receber as coisas que são produzidas, como os bens e serviços devem ser distribuídos. Encontrar uma solução para o "problema econômico" de ajustar os recursos às necessidades e desejos é importante para o bem-estar de toda sociedade. Como os governos têm a responsabilidade de garantir o bem-estar de seus povos, talvez eles devam tomar decisões sobre como os recursos são destinados?

> Em 2007, um retrato de Adam Smith foi estampado na nota de 20 libras emitida pelo Banco da Inglaterra.

A solução de Smith

Adam Smith (ver pp. 16-17), um economista do século 18, argumentou que, embora essa decisão deva ser tomada para o bem da sociedade como um todo, ela seria mais bem tomada por indivíduos agindo de acordo com seus próprios interesses. Embora a ideia pareça ilógica, Smith explicou que a forma como os bens e serviços são comprados e vendidos é que determina como os recursos são alocados. Num mercado, sempre que as coisas são vendidas e compradas, os comerciantes e consumidores não pensam no que é melhor para a sociedade como um todo, mas apenas no que é bom para eles. Os consumidores saem para comprar o que precisam ou querem, para satisfazer seu interesse próprio. Os fornecedores vendem seus produtos não por pensar no bem comum, mas porque querem ganhar dinheiro. Eles só podem vender se houver consumidores que queiram seus produtos, então produzem bens que têm mercado e param de produzir bens para os quais não há procura. É o mercado, feito das transações individuais, que combina os bens com as necessidades e os desejos dos consumidores. Smith descreve a ação do mercado como a de uma mão invisível que nos guia a destinar os recursos da forma mais eficiente e a distribuir bens e serviços de forma justa. Cada indivíduo, quer como consumidor ou fornecedor, toma decisões perfeitamente racionais sobre o que comprar ou vender, em seu próprio interesse, mas coletivamente age pelo bem da sociedade como um todo. Num mercado perfeito, oferta e procura se equilibram e

ADAM SMITH (1723-1790)

Nascido na Escócia, Adam Smith é geralmente visto como o pai da economia moderna. Ele foi professor de filosofia na Universidade de Glasgow e pertenceu a um grupo de pensadores que incluiu o filósofo David Hume. Nos anos 1760, Smith viajou à França e começou a trabalhar no livro *Uma investigação sobre a natureza e as causas da riqueza das nações*, que terminou em 1776.

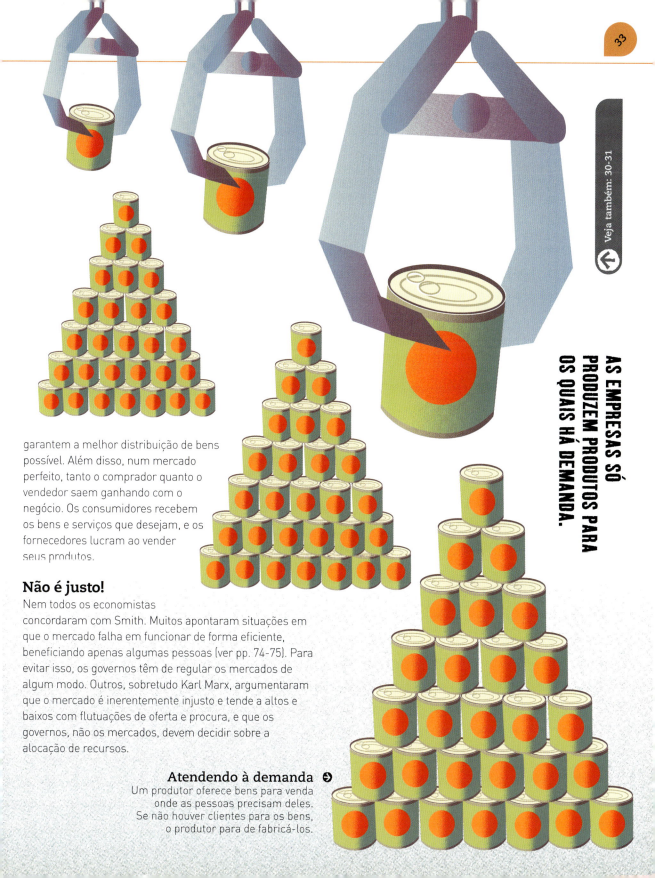

Veja também: 30-31

AS EMPRESAS SÓ PRODUZEM PRODUTOS PARA OS QUAIS HÁ DEMANDA.

garantem a melhor distribuição de bens possível. Além disso, num mercado perfeito, tanto o comprador quanto o vendedor saem ganhando com o negócio. Os consumidores recebem os bens e serviços que desejam, e os fornecedores lucram ao vender seus produtos.

Não é justo!
Nem todos os economistas concordaram com Smith. Muitos apontaram situações em que o mercado falha em funcionar de forma eficiente, beneficiando apenas algumas pessoas (ver pp. 74-75). Para evitar isso, os governos têm de regular os mercados de algum modo. Outros, sobretudo Karl Marx, argumentaram que o mercado é inerentemente injusto e tende a altos e baixos com flutuações de oferta e procura, e que os governos, não os mercados, devem decidir sobre a alocação de recursos.

Atendendo à demanda ➜
Um produtor oferece bens para venda onde as pessoas precisam deles. Se não houver clientes para os bens, o produtor para de fabricá-los.

EM FOCO

COMÉRCIO ÉTICO

MUITAS PESSOAS ACREDITAM QUE O COMÉRCIO DEVERIA SER ÉTICO ALÉM DE LIVRE. COMÉRCIO ÉTICO SIGNIFICA QUE AS EMPRESAS NÃO DEVEM SIMPLESMENTE VENDER PRODUTOS PELO MELHOR PREÇO. ELAS TAMBÉM DEVEM CONSIDERAR O EFEITO DE SEU NEGÓCIO SOBRE AS CONDIÇÕES DE TRABALHO DAS PESSOAS QUE EMPREGAM OU SOBRE O MEIO AMBIENTE, POR EXEMPLO.

Cerca de 80% do café com selo Fairtrade vêm da América Latina e apenas dois países dos onze que produzem banana Fairtrade estão fora da América Latina: Camarões e Gana.

MANIFESTE-SE

Através de boicotes, os consumidores podem pressionar as empresas a fazer a coisa certa. Em 2013, a fábrica de roupas Rana Plaza em Bangladesh ruiu, matando mais de 1.100 pessoas. As redes de confecções Primark e Benetton, abastecidas pela fábrica, enfrentaram protestos. Desde então, há pressão para que as revendedoras de roupas garantam a segurança nas fábricas onde as vestimentas são feitas e forneçam detalhes sobre a origem de seus produtos.

ÉTICA NAS COMPRAS

O consumo ético significa que os compradores, através daquilo que escolhem comprar, pressionam as empresas a se comportarem bem. As empresas então respondem criando produtos que são "sustentáveis" ou "orgânicos", por exemplo. Ao escolher um banco, as pessoas podem evitar aquele que investe no comércio de armas ou em indústrias poluentes. Bancos éticos consideram os impactos ambientais e sociais ao investir e fazer empréstimos.

⬆ **Um equilíbrio delicado**
Fazer comércio justo significa equilibrar os efeitos da empresa sobre o meio ambiente e sobre os trabalhadores com a necessidade de gerar lucro.

Recursos e empresas

> "Com o **Comércio Justo**, os agricultores recebem um preço justo por sua **safra** e têm um mínimo garantido para que possam **investir** no plantio."
>
> **NELL NEWMAN, AMBIENTALISTA NORTE-AMERICANA**

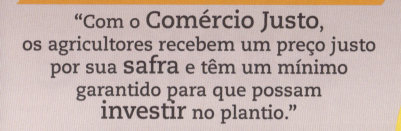

FAIRTRADE

O movimento Fairtrade (Comércio Justo) começou nos anos 1990 para impedir que produtores de café e banana de países pobres perdessem dinheiro por causa dos preços baixos no mercado. Organizações de Comércio Justo garantem um preço justo aos fornecedores. Em troca, os fornecedores garantem que os trabalhadores sejam pagos e empregados de forma adequada. Ao comprar bens certificados pelo selo Fairtrade, os consumidores dão seu apoio. Em 2015 o Comércio Justo movimentou 7,3 bilhões de euros no mundo. No Brasil foram 60,5 mil euros.

TRABALHADORES EXPLORADOS

Para se manterem competitivas, as empresas cortam custos e podem fechar os olhos para as condições de seus trabalhadores. Em anos recentes, os consumidores se conscientizaram de que muitos dos bens que compram por preços baixos nas lojas, tais como roupas e eletrônicos, são produzidos em países menos desenvolvidos – em fábricas onde a segurança é negligenciada, em oficinas de costura insalubres e por crianças ou até por trabalho escravo. Isso forçou as empresas a mudarem seus procedimentos de produção e terem mais transparência.

BENS e

> Nos EUA, estima-se que 80% da mão de obra esteja no setor de serviços, contribuindo com cerca de 80% do PIB.

EM ECONOMIA, AS COISAS QUE SÃO VENDIDAS E COMPRADAS SÃO CHAMADAS BENS. ELES INCLUEM COMMODITIES, COMO OS ALIMENTOS, E BENS MANUFATURADOS, COMO OS COMPUTADORES. HÁ TAMBÉM BENS INTANGÍVEIS, QUE NÃO PODEM SER VISTOS OU TOCADOS. ELES SÃO AQUILO QUE AS PESSOAS FAZEM EM TROCA DE DINHEIRO. ELES TAMBÉM SÃO CHAMADOS DE SERVIÇOS.

Objetos de desejo

Bens são coisas que as pessoas querem ou de que necessitam, coisas que serão úteis para elas ou que elas consideram desejáveis. Mas, mais do que isso, são coisas que elas consideram valiosas o suficiente para trocar por dinheiro, para serem compradas. Assim como há pessoas que querem comprar esses bens, haverá outras que ganham a vida fornecendo-os. O lado da oferta no mercado, em oposição ao lado da procura – os consumidores –, é composto por diversos tipos de empresas, todas produzindo diferentes tipos de bens. Por exemplo, há agricultores que fornecem bens agrícolas, como plantas e animais produzidos a partir do trabalho na terra. Há também empresas que usam a terra para fornecer outros bens necessários. Empresas de mineração, por exemplo, extraem a matéria-prima para fabricar metais e outros minerais do solo. Outras companhias mineram carvão ou perfuram o solo para retirar petróleo e gás que podem ser usados para fornecer energia.

> POUCO MAIS DE 5% DA POPULAÇÃO MUNDIAL PRODUZ QUASE 29% DOS BENS DO MUNDO.
> STEPHEN COVEY, *OS SETE HÁBITOS DAS PESSOAS ALTAMENTE EFICAZES*

EMPRESAS FORNECEM BENS E SERVIÇOS

Fazer e fabricar ➡
As pessoas são empregadas em diferentes setores da economia, fornecendo matéria-prima, produzindo bens manufaturados ou oferecendo serviços.

Recursos e empresa

serviços

Bens manufaturados

Com exceção da comida *in natura*, a maioria dos bens que compramos são manufaturados. Ou seja, eles foram feitos a partir da matéria-prima, numa fábrica ou por um artesão. As indústrias manufatureiras produzem uma imensa variedade de bens de capital (veja quadro) e bens de consumo, que vão de coisas necessárias como roupas até itens para o lar como móveis e eletrodomésticos, máquinas de lavar roupas, panelas elétricas e carros. Quase todas as coisas que compramos são bens que foram manufaturados de alguma forma, quer seja por uma fábrica grande que produz em massa ou por uma pequena oficina que produz itens de luxo, feitos à mão. Além dos bens manufaturados que temos em casa, precisamos da casa em si para morar. As construções também são uma espécie de bem e são produzidas pela indústria da construção. Além de fornecer moradia, ela também produz edifícios para uso comercial, tais como fábricas, escritórios, hotéis, estações de trem e lojas.

Setor de serviços

Enquanto setores como a agricultura e a mineração fornecem matéria-prima e as indústrias manufatureiras e de construção produzem bens tangíveis, há um terceiro setor que não produz um produto palpável – algo que o comprador pode segurar fisicamente e guardar. Em vez disso, essas empresas oferecem serviços. Alguns serviços são intimamente ligados aos bens físicos, por exemplo, empresas de transporte que entregam produtos de um agricultor ou de uma fábrica aos consumidores. Há também diferentes tipos de varejistas, que compram bens da indústria manufatureira e os vendem ao público geral por meio de suas lojas. O setor de serviços também inclui empresas que oferecem coisas tão simples quanto um corte de cabelo ou uma corrida de táxi, ou serviços essenciais como saúde e educação, ou empresas de reparos como mecânicos e firmas de manutenção de construções. Há serviços que muitos de nós utilizam todos os dias, incluindo transporte público, telecomunicações, bancos e seguros. Há outros, como hotéis, teatros e cinemas, que usamos com menos frequência e consideramos luxos para serem desfrutados nos momentos de lazer.

Trabalhando para servir

Hoje, cada vez mais pessoas estão envolvidas no setor de serviços, especialmente nos países ricos. Em parte isso se deve porque a mecanização das indústrias agrícola e manufatureira as tornou mais eficientes, de forma que elas utilizam menos trabalhadores para produzir mais bens. Mas também acontece porque nossas necessidades mudaram, agora que temos mais dinheiro e mais tempo livre.

BENS DE CAPITAL
Os bens que mais notamos são os bens de consumo, as coisas vendidas nas lojas. Mas há coisas como maquinário, prédios e transportes, conhecidas como bens de capital, que são produzidas por indústrias e usadas na fabricação de bens de consumo e nos serviços.

OFERTA e PROCURA

CONSUMIDORES E PRODUTORES SE JUNTAM NO MERCADO PARA COMPRAR E VENDER BENS. SUAS TRANSAÇÕES AJUSTAM A PROCURA – A QUANTIDADE DE BENS QUE O COMPRADOR QUER – À OFERTA – A QUANTIDADE QUE O VENDEDOR OFERECE. MAS A OFERTA E A PROCURA TAMBÉM SÃO AFETADAS PELO PREÇO DOS BENS.

> QUANTO MAIS UMA COISA É OFERTADA, MAIS BAIXO É O PREÇO PELO QUAL ELA ENCONTRARÁ COMPRADORES.
> **ALFRED MARSHALL**

Fazendo negócio

Em um mercado de rua tradicional, os preços dos bens não são fixados rigidamente. Muitos comerciantes esperam que seus clientes barganhem, negociem um preço com o qual ambos concordem. Os compradores pensam sobre quanto eles querem ou precisam dos bens e quanto estão dispostos a pagar. Os vendedores avaliam quanto estão dispostos a baixar o preço para fazer uma venda sem perder dinheiro no negócio. A interação entre o comprador e o vendedor determina o preço, a quantia que muda de mãos. Essa interação é afetada pela quantidade de bens disponíveis (a oferta), e pelo número de consumidores que os querem, (a procura ou demanda). Para que a venda funcione, contudo, é preciso que o mercado seja competitivo e que haja mais de um fornecedor de bens e mais de um comprador. Isso dá ao comprador a chance de pesquisar, comparar preços e usá-los para fazer um bom negócio. Os fornecedores competem para oferecer os preços mais baixos, mas se beneficiam quando a procura é alta o suficiente para que os compradores procurem bens que têm oferta escassa.

O momento certo

O preço dos bens está intimamente relacionado com sua oferta e procura. Por exemplo, agricultores produzem trigo que podem vender para moinhos fazerem farinha. Na época da colheita, há muito trigo, e os agricultores têm mais trigo do que os moinhos precisam. A oferta é maior do que a procura e há um excedente. Então os fornecedores derrubam o preço para tentar vender mais. Durante o inverno, a procura por farinha é a mesma, mas os agricultores não têm mais tanto trigo quanto os moinhos precisam. Agora os moinhos estão dispostos a pagar mais pelo trigo, e o

> **Preço:** o que um comprador paga pelos bens.
> **Custo:** o que um vendedor pagou para colocar os bens no mercado.

Veja também: 30-31, 32-33

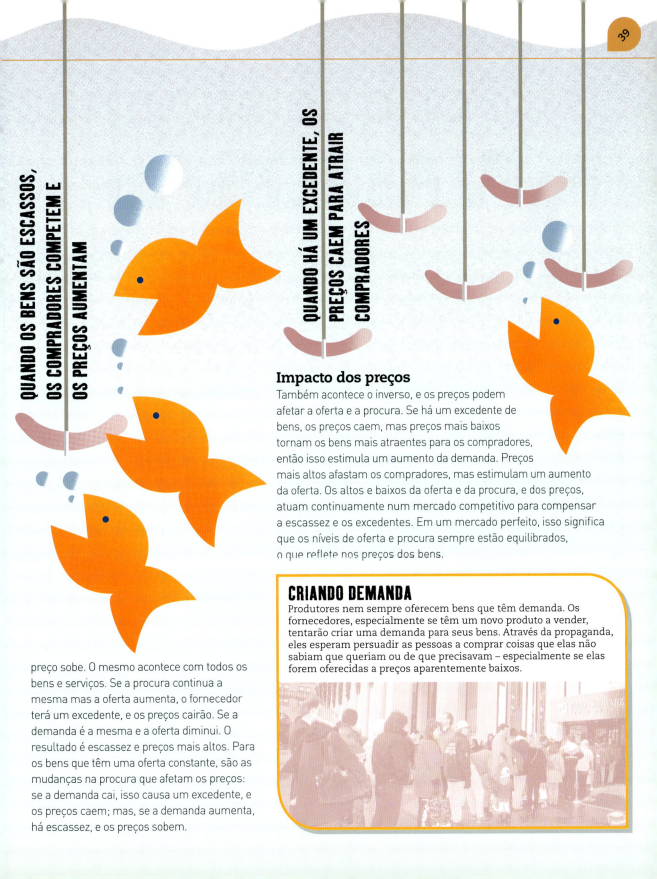

QUANDO OS BENS SÃO ESCASSOS, OS COMPRADORES COMPETEM E OS PREÇOS AUMENTAM

QUANDO HÁ UM EXCEDENTE, OS PREÇOS CAEM PARA ATRAIR COMPRADORES

Impacto dos preços

Também acontece o inverso, e os preços podem afetar a oferta e a procura. Se há um excedente de bens, os preços caem, mas preços mais baixos tornam os bens mais atraentes para os compradores, então isso estimula um aumento da demanda. Preços mais altos afastam os compradores, mas estimulam um aumento da oferta. Os altos e baixos da oferta e da procura, e dos preços, atuam continuamente num mercado competitivo para compensar a escassez e os excedentes. Em um mercado perfeito, isso significa que os níveis de oferta e procura sempre estão equilibrados, o que reflete nos preços dos bens.

preço sobe. O mesmo acontece com todos os bens e serviços. Se a procura continua a mesma mas a oferta aumenta, o fornecedor terá um excedente, e os preços cairão. Se a demanda é a mesma e a oferta diminui. O resultado é escassez e preços mais altos. Para os bens que têm uma oferta constante, são as mudanças na procura que afetam os preços: se a demanda cai, isso causa um excedente, e os preços caem; mas, se a demanda aumenta, há escassez, e os preços sobem.

CRIANDO DEMANDA

Produtores nem sempre oferecem bens que têm demanda. Os fornecedores, especialmente se têm um novo produto a vender, tentarão criar uma demanda para seus bens. Através da propaganda, eles esperam persuadir as pessoas a comprar coisas que elas não sabiam que queriam ou de que precisavam – especialmente se elas forem oferecidas a preços aparentemente baixos.

Por que algumas VALIOSAS?

SE A ÁGUA FOSSE ESCASSA E DIAMANTES SAÍSSEM DA TORNEIRA...

O PREÇO DOS BENS OFERECIDOS PARA VENDA NO MERCADO É DETERMINADO PELA OFERTA E PELA PROCURA. MAS O VALOR DE ALGUMA COISA, O QUE NÓS ACHAMOS QUE ELA REALMENTE VALE, DEPENDE DE OUTROS FATORES TAMBÉM. E ESSE VALOR AFETA AS DECISÕES QUE TOMAMOS.

Menos é mais

Quando há uma oferta grande de bens, o preço deles é mais baixo do que quando há escassez. É fácil dar como certas as coisas que estão prontamente disponíveis em toda parte e não valorizá-las muito. Há até algumas, como o ar que respiramos, que são conhecidas como "bens livres". Isso significa que esses bens estão disponíveis gratuitamente para nós o tempo inteiro. Por outro lado, há coisas que são muito mais raras, como o ouro ou os diamantes, pelas quais pagamos grandes somas de dinheiro. Como a oferta dessas mercadorias raras é bem menor do que a procura por elas, diz-se que elas têm um "valor de escassez". Então, quanto menor a disponibilidade de determinada coisa, mais ela vale e, quanto maior a disponibilidade, menor é o valor.

Paradoxo do valor

Por exemplo, se você está caminhando pela margem de um rio, cheia de cascalho, e vê um diamante brilhando entre as pedras, você provavelmente vai pegá-lo e levá-lo para casa. Isso porque você o considera valioso – mais do que as outras pedras e provavelmente mais do que a água do rio. Mas, de certa forma, a sua ideia do que é valioso parece ilógica. A água é essencial para a vida, mas não a valorizamos tanto quanto um diamante, que quase não tem utilidade prática imediata. A resposta para esse "paradoxo do valor" é que o diamante tem um valor de escassez, enquanto a água, não. Em alguns países, a água está disponível gratuitamente e em grande oferta.

Qual é a utilidade?

Além disso, também temos diferentes tipos de prazer ou satisfação com os dois bens. A satisfação que você tem em possuir ou usar um bem é conhecida como "utilidade", e isso muda de acordo com a quantidade desse bem que você consome. Se você tem sede durante seu passeio no rio, a primeira gota d'água que você toma será a mais prazerosa, e, a partir disso, cada gole satisfará um pouco menos. Você fica animado ao encontrar o primeiro

BENS DE GIFFEN
O economista escocês Robert Giffen (1837-1910) destacou que alguns bens parecem não seguir a regra da oferta e da procura. Ele argumentou que a demanda para esses "bens de Giffen" aumenta à medida que seu preço sobe. Por exemplo, pessoas com pouco dinheiro compram mais pão quando o preço sobe, porque em determinado momento elas não terão dinheiro para comprar outros alimentos mais caros.

Veja também: 38-39

Recursos e empresas

coisas são mais

> TODAS AS **MERCADORIAS**, COMO VALORES, SÃO REALIZAÇÕES DO **TRABALHO HUMANO**
> **KARL MARX**

diamante, mas, como é necessário tempo e esforço para encontrar outro, não ficará tão animado quando encontrar o segundo. Quanto maior a disponibilidade de algo, maior é o decréscimo de sua utilidade marginal – ou da satisfação que você sente a partir de cada uso. Em economia, diz-se que a utilidade marginal de cada gota d'água é muito baixa, mas a utilidade marginal de cada diamante extra é muito alta.

Oportunidade e tempo

Uma forma diferente de explicar como valorizamos as coisas é em termos do quanto elas nos custam. Isso não se refere ao preço que é colocado nelas, mas sim àquilo de que temos de abrir mão para consegui-las. Você pode ter de escolher, por exemplo, se quer comprar uma nova bicicleta ou usar o dinheiro para fazer aulas numa autoescola. Se você decidir aprender a dirigir, abre mão da oportunidade de andar por aí em sua nova bicicleta, mas ganha a longo prazo uma habilidade que dura uma vida inteira. O que você deixa de lado – o "custo de oportunidade" – determina o valor do que escolher.

Alguns economistas explicam o valor dos bens e serviços de outra forma. Eles acreditam que o valor real deles é determinado por quanto trabalho foi necessário para produzi-los. Então, o valor de bens manufaturados, carros e computadores, por exemplo, depende do número de pessoas que foram envolvidas em sua fabricação e da quantidade de trabalho que colocaram nelas. Isso é conhecido como teoria do valor-trabalho, que foi explicada por Adam Smith (ver pp. 18-19) e outros economistas clássicos. É também uma ideia importante da economia marxista.

... DARÍAMOS MAIS VALOR À ÁGUA DO QUE AOS DIAMANTES.

← **O paradoxo do valor**
Algumas coisas que têm pouca utilidade prática, como diamantes, são mais valorizadas do que coisas essenciais, como a água.

O maior diamante lapidado do mundo é o Diamante Jubileu Dourado, que pesa 545,67 quilates (109,13 g) e vale de US$ 4 a 12 milhões.

De acordo com a teoria do trabalho, dois bens diferentes que envolvem a mesma quantidade de trabalho e levam o mesmo tempo para serem produzidos deveriam custar a mesma quantia de dinheiro. Se o custo de comprar um bem é maior do que o valor que o comprador dá ao tempo necessário para produzi-lo, então o próprio comprador poderia produzir o bem.

Um enxame de INDÚSTRIAS

A PALAVRA "INDÚSTRIA" COSTUMAVA EVOCAR IMAGENS DE FÁBRICAS CHEIAS DE MAQUINÁRIO BARULHENTO. ESSE TIPO DE INDÚSTRIA PESADA DE MANUFATURA EMERGIU NO SÉCULO 18, TRANSFORMANDO A SOCIEDADE E A ECONOMIA. HOJE, AVANÇOS TECNOLÓGICOS ESTÃO MUDANDO NOVAMENTE A FORMA COMO PRODUZIMOS BENS E SERVIÇOS.

Veja também: 14-15, 36-37

Trabalhar por salário

Na Grã-Bretanha, antes da invenção do maquinário industrial, a maioria das pessoas trabalhava na terra, que era de propriedade de poucas famílias nobres ou da realeza. Os camponeses plantavam e criavam animais para fornecer alimentos, tecidos e combustível. A agricultura, e numa extensão menor a mineração de metais e minérios, formava a base da economia, e em diversos países pobres ainda é assim. As coisas mudaram drasticamente com o advento da mecanização. Os moinhos passaram a produzir bens como farinha e tecidos em grandes quantidades, e surgiram fábricas que produziam em massa todo tipo de bens manufaturados. Esses moinhos e fábricas ofereciam empregos, e muitos trabalhadores foram atraídos pela perspectiva de ganhar dinheiro em vez de viver da terra. À medida que eles se mudaram do campo para onde estava o trabalho, grandes cidades industriais surgiram.

> É QUESTIONÁVEL SE TODAS AS INVENÇÕES MECÂNICAS FEITAS ATÉ HOJE ALIVIARAM O TRABALHO DIÁRIO DE QUALQUER SER HUMANO.
>
> JOHN STUART MILL

Crescimento e prosperidade

Houve também uma mudança no sistema econômico. Em vez de produzirem alimentos para os donos das terras e guardar um pouco para si, os trabalhadores recebiam um salário dos donos das fábricas e moinhos. Os donos eram uma nova classe de empreendedores, que tinham a propriedade dos meios de produção – os prédios e o maquinário. Esses meios às vezes são conhecidos como bens de capital, assim, os proprietários eram chamados de capitalistas e o novo sistema, capitalismo. A

A REVOLUÇÃO INDUSTRIAL

Na Grã-Bretanha do século 18, o ritmo das descobertas científicas se acelerou, e a invenção de máquinas, como os motores a vapor revolucionou a forma como os bens eram produzidos. Moinhos mecanizados e fábricas, além da introdução do transporte ferroviário, deram origem a novas indústrias e à uma mudança drástica na estrutura econômica da sociedade.

Recursos e empresas

A INDUSTRIALIZAÇÃO ENCORAJOU O CAPITALISMO E TROUXE CRESCIMENTO ECONÔMICO

A indústria fomenta a economia
No mundo moderno, bens e serviços são produzidos por uma grande variedade de setores – desde a agricultura até negócios online – que são essenciais para o crescimento econômico e a prosperidade.

nova indústria manufatureira, e o sistema capitalista que ela trouxe consigo, espalhou-se da Grã-Bretanha por toda a Europa e muitos outros países. Como a mecanização significava que os bens podiam ser produzidos de forma mais barata e em quantidades maiores, ela trouxe prosperidade para a classe capitalista. Desde a Revolução Industrial, as indústrias continuaram aumentando sua eficiência, o que tornou as sociedades mais ricas. Não foram apenas as indústrias manufatureiras que se beneficiaram. A agricultura, a mineração e a construção também se tornaram cada vez mais mecanizadas, reduzindo custos e aumentando a produção. Junto com essas indústrias surgiu a necessidade de serviços como construção e reparos, para mantê-las funcionando bem, e de serviços financeiros, como bancos e seguros. À medida que as sociedades enriqueceram, mais pessoas tinham dinheiro para gastar em bens que antes eram vistos como luxos, ou em serviços que elas costumavam fazer para si mesmas.

O que vem depois?
No final do século 20, a tecnologia eletrônica trouxe mais mudanças. Os computadores e a tecnologia da informação revolucionaram muitos dos setores de serviços, como os bancos, e com o advento da internet surgiram novos setores, como os sites de mídias sociais e o comércio online. Em alguns países ricos, os setores de serviços estão substituindo indústrias tradicionais manufatureiras e a agricultura, tanto que algumas pessoas acreditam que estamos passando para uma era "pós-industrial". Os bens podem ser importados em vez de manufaturados, mas até as sociedades cujas economias são baseadas em grande parte no setor de serviços precisam de moradia, alimentos e bens manufaturados. Por isso, mesmo os países mais avançados tecnologicamente continuam mantendo indústrias tradicionais nos setores agrícola, manufatureiro e de construção para seu próprio uso, quando não para exportação.

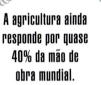

A agricultura ainda responde por quase 40% da mão de obra mundial.

Veja também: 48-49, 56-57

EMPRESAS DE CAPITAL ABERTO

MUITAS DAS GRANDES COMPANHIAS SÃO EMPRESAS DE CAPITAL ABERTO. ELAS LEVANTAM DINHEIRO PARA DESENVOLVER SEUS NEGÓCIOS DIVIDINDO SUA PROPRIEDADE EM PARTES IGUAIS. ESSAS PARTES SÃO VENDIDAS PARA PESSOAS QUE SE TORNAM ACIONISTAS. AS EMPRESAS DE CAPITAL ABERTO SÃO DE PROPRIEDADE DOS ACIONISTAS, QUE ELEGEM UM CONSELHO DE DIRETORES PARA ADMINISTRAR A EMPRESA PARA ELES.

RESPONSABILIDADE LIMITADA

Se uma empresa de capital aberto fracassa e se enche de dívidas, os acionistas só perderiam seu investimento inicial. A companhia sozinha é responsável por suas dívidas. Isso é chamado de "responsabilidade limitada". A responsabilidade limitada é a norma na maioria dos países, porque muitas pessoas deixariam de investir por causa do risco de desastre financeiro se fossem responsabilizadas por todas as dívidas da empresa.

ACIONISTAS

Em troca de seu investimento, todos os acionistas recebem um pagamento anual, ou "dividendo", que varia de acordo com os lucros da empresa. Alguns deles têm direito a opinar sobre a forma como a empresa é administrada. Enquanto os diretores a administram diariamente, os acionistas podem usar sua influência para mantê-la num determinado rumo. O capital aberto está em declínio, uma vez que empresas privadas que não respondem a acionistas se adaptam mais facilmente às rápidas mudanças dos mercados de hoje.

> "Não se pode esperar que os **diretores** dessas empresas **cuidem do dinheiro dos outros** com a mesma **vigilância** ansiosa com que **cuidam do seu próprio dinheiro.**"
>
> **ADAM SMITH**

EM FOCO

Recursos e empresas

← Uma fatia do bolo

Para levantar dinheiro, as empresas vendem uma parte de seu patrimônio. Aqueles que compram as fatias se tornam acionistas que podem influenciar a forma como ela é administrada.

FALÊNCIA

Quando uma empresa não consegue pagar suas dívidas, um tribunal pode declarar falência. Isso não é uma punição, mas sim uma situação legal na qual o tribunal tem poder de decidir como resolver a confusão financeira e ver quanto dinheiro pode ser recuperado para pagar os credores. Se as empresas falidas forem duramente punidas, os investidores podem perder o interesse em investir no futuro. E se os devedores forem perdoados facilmente, os credores podem ser desestimulados a fazer negócios.

Entre 1997 e 2012, o número de empresas de capital aberto negociadas na bolsa de valores dos EUA caiu quase pela metade.

LEVANTAR CAPITAL

As empresas abrem seu capital para ampliar drasticamente as fontes de recursos que podem ajudá-las a crescer. Os acionistas colocam dinheiro nela, comprando ações (partes do ativo de uma empresa) ou títulos (empréstimos diretos de dinheiro para a empresa). Tanto as ações quanto os títulos podem ser comprados e vendidos, de forma totalmente independente, nos mercados de ações e títulos. Então, a própria companhia se torna uma mercadoria que pode ser comercializada.

Quanto vale?

CONCORRÊNCIA saudável?

A CONCORRÊNCIA ENTRE NEGÓCIOS ESTÁ NO CERNE DE UM MERCADO LIVRE. MERCADOS COMPETITIVOS BENEFICIAM O CONSUMIDOR À MEDIDA QUE PRESSIONAM OS VENDEDORES A MANTER SEUS PREÇOS BAIXOS PARA VENDER SEUS PRODUTOS. EM TROCA, ISSO ENCORAJA OS PRODUTORES A TRABALHAR DE FORMA MAIS EFICIENTE, REDUZINDO SEUS CUSTOS E AUMENTANDO A PRODUTIVIDADE, BEM COMO ENCONTRANDO NOVAS FORMAS DE FAZER PRODUTOS NOVOS E MELHORES.

> Um mercado com muitos vendedores de um produto e apenas um comprador é chamado de "monopsônio".

MONOPÓLIOS
Quando há apenas um vendedor de determinado produto, temos o chamado monopólio. Como o vendedor que detém o monopólio não tem de concorrer com o preço de outros vendedores, o consumidor geralmente tem de pagar mais pelos bens. Com a falta de concorrência os monopólios também podem se preocupar menos com a eficiência de suas empresas.

Mercado livre
Não é apenas o consumidor que se beneficia de mercados competitivos. A longo prazo, os produtores também são recompensados com mais vendas e indústrias mais produtivas. Indústrias eficientes são boas para a sociedade como um todo, tornando-a mais próspera e mais capaz de competir no mercado global. A ideia de um mercado livre é simples: permitir que compradores e vendedores interajam livremente para fazer negócios que beneficiem a todos. Tudo isso é muito bom na teoria, mas, na prática, é preciso que

Adaptadas ao mercado ➔
Numa economia de livre mercado, as empresas competem umas com as outras, o que as estimula a se tornar mais eficientes e oferecer o melhor negócio para seus clientes.

existam algumas regras para impedir que as pessoas tirem vantagem do mercado. A maioria dos países tem regras que regulam o comércio – para proteger os consumidores de negociantes inescrupulosos e os trabalhadores da exploração dos produtores.

Quão livre é livre?

Os economistas têm diferentes opiniões sobre quão livres das regulações do governo os mercados devem ser. Alguns argumentam que a melhor coisa é que as empresas operem sem nenhum tipo de intervenção numa economia de livre mercado total, também conhecida como economia de *laissez-faire* (do francês, "deixe fazer"). Por outro lado, há alguns que advogam total controle do governo sobre a troca de bens numa economia "de comando", ou centralizada. Karl Marx (ver pp. 44-45) apontou para as injustiças da economia de mercado, que beneficiava os proprietários capitalistas das indústrias à custa da classe trabalhadora. Em seu lugar, ele propôs uma sociedade comunista, que, além de ter a propriedade coletiva sobre os meios de produção (fábricas e moinhos), poderia planejar a produção e a distribuição de bens de forma centralizada, em vez de relegar isso às forças do mercado.

> **NA VIDA ECONÔMICA, A CONCORRÊNCIA NUNCA DEIXA DE EXISTIR, MAS ELA DIFICILMENTE É PERFEITA.**
>
> **JOSEPH SCHUMPETER**

O caminho do meio

As ideias de Marx de uma economia planejada foram adotadas por vários Estados comunistas no século 20, com vários graus de sucesso. Eles foram criticados por economistas ocidentais, tais como o austro-húngaro Ludwig von Mises, que argumentou que as economias de comando não podiam responder a mudanças na oferta e na demanda tão rápido quanto o mercado, levando a grandes excedentes ou à escassez devastadora. A maioria das economias funciona entre os dois extremos. O influente economista inglês John Maynard Keynes (ver pp. 106-107), embora reconhecesse os pontos fortes de mercados competitivos, argumentava que os governos deveriam intervir para diminuir os efeitos dos altos e baixos econômicos – especialmente em tempos de depressão.

Veja também: 48-49, 52-53, 64-65

FORNECER O MELHOR PRODUTO PELO MELHOR PREÇO

Quanto vale?

Quem está no COMANDO?

COM A CHEGADA DAS INDÚSTRIAS MANUFATUREIRAS, O PODER ECONÔMICO SAIU DAS MÃOS DA ARISTOCRACIA DONA DE TERRAS QUE HAVIA PROSPERADO COM A ECONOMIA AGRÍCOLA. AS FÁBRICAS ERAM ENTÃO PROPRIEDADE DE FAMÍLIAS QUE AS ADMINISTRAVAM, DE INDIVÍDUOS OU DE SOCIEDADES. HOJE, A MAIORIA DAS GRANDES EMPRESAS É DE PROPRIEDADE CONJUNTA DE ACIONISTAS E ADMINISTRADA POR GESTORES.

Unindo forças

A ideia de propriedade conjunta das empresas existe desde antes da Revolução Industrial, quando empresas se uniram a fim de formar companhias para fazer comércio internacionalmente. Quando as indústrias manufatureiras começaram a produzir bens em grande escala, passou a fazer sentido para as pessoas entrar em parcerias para levantar o dinheiro necessário e compartilhar os lucros. É claro, continuaram existindo pequenas empresas, como artesãos individuais e donos de lojas, ou pessoas que empregavam uma pequena força de trabalho. Alguns até formaram pequenas companhias privadas nas quais cada pessoa tinha uma fatia do negócio. Grandes fábricas e moinhos que produziam bens em massa e empregavam um grande número de pessoas com frequência precisavam levantar somas consideráveis de dinheiro para financiar seus negócios, assim ofereciam fatias de suas companhias para o público. Ao comprar ações dessas empresas de capital aberto, conhecidas como corporações, os investidores fornecem dinheiro para adquirir prédios e maquinário e para pagar os funcionários. Em troca, eles recebem uma parte dos lucros, conhecida como dividendo. Alguns acionistas também podem opinar sobre como a companhia é administrada, normalmente por meio do voto em reuniões em que os diretores da companhia são nomeados.

KARL MARX

Marx nasceu no que hoje é a Alemanha. Ele estudou direito e filosofia antes de se tornar jornalista, mas teve de fugir para Paris por causa de suas opiniões políticas socialistas. Lá ele conheceu Friedrich Engels, e juntos escreveram *O manifesto comunista*, em 1848. Marx se mudou para Londres, onde escreveu *O Capital*, uma análise do capitalismo e uma explicação de sua teoria econômica.

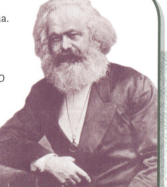

Uma fatia do negócio
Grandes empresas podem ser propriedade de vários investidores diferentes, que compram ações da companhia. Alguns têm direito a opinar sobre como ela é gerida.

Recursos e empresas

É bom dividir

Contudo, os acionistas na verdade têm pouco controle sobre a administração cotidiana da empresa, que é feita por um conselho de diretores por eles nomeados para tomar decisões sobre como ela é gerida. Com frequência, eles são escolhidos por suas habilidades de produzir lucro para os acionistas, e eles próprios têm ações da companhia. A influência dos acionistas é diretamente proporcional ao número de ações que eles possuem, então, se uma pessoa tem mais de 50% das ações, ela efetivamente controla a empresa. Na prática, contudo, é incomum que uma pessoa sozinha tenha a maioria das ações de uma grande companhia. Nas grandes empresas, costuma haver diferentes tipos de acionistas, não apenas investidores individuais. Algumas ações são compradas por companhias de investimento, bancos e fundos de pensão, algumas por diretores e funcionários da própria companhia e outras por outras companhias e até por governos.

> **NO CAPITALISMO, O HOMEM EXPLORA O HOMEM; NO COMUNISMO, É O CONTRÁRIO.**
> JOHN KENNETH GALBRAITH

Misturando tudo

Numa economia capitalista de livre mercado, a maioria das companhias é de propriedade de investidores privados – indivíduos ou companhias –, embora o governo também possa ter algumas ações. Mas há alguns setores que o governo costuma ter o interesse de controlar, possuindo a maioria das ações ou a propriedade das companhias. Essas organizações nacionalizadas, ou companhias estatais, normalmente fornecem serviços importantes, como correio, saúde e transporte público, além de serviços essenciais como a polícia ou as forças de defesa. A maioria dos países hoje tem alguma forma de "economia mista", com diferentes proporções de empresas privadas e estatais. Isso ocorre tanto por motivos políticos quanto econômicos e demonstra a diferença-chave entre o capitalismo (propriedade privada do capital) e o socialismo ou comunismo (controle estatal dos meios de produção).

O maior empregador do mundo é o Departamento de Defesa dos EUA, com mais de 3,2 milhões de funcionários.

Veja também: 42-43, 100-101

MUITAS PESSOAS PODEM TER UMA FATIA DE UMA COMPANHIA.

COMPANHIAS PRIVADAS
PROPRIETÁRIO CAPITALISTA
CONSELHO DE DIRETORES
COOPERATIVA DE TRABALHADORES
ACIONISTAS

Quanto vale?

DO FORNECEDOR AO CONSUMIDOR

FORNECEDOR DE MATÉRIA-PRIMA

FABRICANTE DE PRODUTOS

Como as empresas

DO PONTO DE VISTA DOS CONSUMIDORES, AS EMPRESAS EXISTEM PARA FORNECER OS BENS E SERVIÇOS QUE ELES QUEREM OU DE QUE NECESSITAM. MAS PARA OS DONOS E ADMINISTRADORES DESSAS EMPRESAS ISSO É SÓ METADE DA HISTÓRIA. ELES PRODUZEM ESSES BENS E SERVIÇOS PARA GANHAR DINHEIRO. PARA FAZER ISSO, SUAS EMPRESAS TÊM DE SER CUIDADOSAMENTE ADMINISTRADAS PARA GERAR LUCRO.

> **LUCRE OU PEREÇA...**
> HÁ APENAS DUAS FORMAS DE GANHAR DINHEIRO: AUMENTAR AS VENDAS E DIMINUIR OS CUSTOS.
>
> FRED DELUCA, EMPRESÁRIO NORTE-AMERICANO

Equilibrando as contas

Empresas de todos os tipos, de comerciantes individuais ou pequenas companhias privadas até imensas corporações internacionais, ganham dinheiro para seus proprietários ou acionistas vendendo seus produtos. Elas podem produzir commodities, bens manufaturados ou oferecer serviços, mas o objetivo sempre é obter lucro. Isso significa que são administradas de forma que haja mais dinheiro entrando no negócio do que sendo gasto. É tarefa da administração, quer dos donos de uma pequena firma ou dos gerentes de uma grande companhia, equilibrar os custos de produção com a receita – o dinheiro que vem das vendas do produto. Quando o faturamento é maior do que os gastos, a empresa tem lucro, mas, quando os gastos são maiores do que o faturamento, ela tem prejuízo.

Dinheiro que sai e dinheiro que entra

Quem estiver administrando uma empresa tem de considerar os custos de produção – o dinheiro que precisa ser gasto para fabricar o produto. Se for uma indústria manufatureira, por exemplo, isso incluirá o custo da matéria-prima da qual o produto é feito – o papel e a tinta de um livro, por exemplo –, dos prédios e maquinários necessários para fabricá-lo e dos salários dos trabalhadores. Pode também haver outros custos, tais como o da entrega do produto ao consumidor e o pagamento de serviços como aquecimento e iluminação, reparos e manutenção de equipamentos e seguros. Se a empresa tem lucro, ela também terá de pagar algum imposto ao governo. Do outro lado da equação, está a receita que a empresa recebe por vender o produto. Uma vez que uma empresa esteja

Recursos e empresas

VENDEDOR DE PRODUTOS

CONSUMIDOR

FUNCIONAM?
DO FORNECEDOR DE MATÉRIA-PRIMA ATÉ A VENDA DO PRODUTO AO CONSUMIDOR, AS EMPRESAS TÊM COMO OBJETIVO OBTER LUCRO EM CADA ETAPA.

funcionando bem, essa receita será usada para pagar os custos de produção. Mas começar um novo negócio envolve custos, como a compra de maquinário e gastos com o local de funcionamento, antes que quaisquer bens possam ser produzidos e vendidos. Mesmo empresas já estabelecidas precisam gastar dinheiro, de tempos em tempos, para aumentar a produção antes de verem o retorno desse dinheiro. Então, além da receita das vendas, uma empresa pode aumentar seu capital pedindo um empréstimo no banco ou vendendo ações da companhia. Em troca, ela pagará ao banco os juros do empréstimo ou uma parte do lucro para os acionistas.

Gerando lucro
Para garantir a maior receita a partir das vendas, as empresas devem identificar seu mercado, aquelas pessoas que têm mais chances de querer seus produtos. Algumas empresas, especialmente no setor de serviços, vendem seus produtos direto ao consumidor, mas geralmente há muitos outros tipos de empresas trabalhando para fazer com que um produto chegue ao consumidor. Por exemplo, matérias-primas são fornecidas para os manufatureiros, que por sua vez fornecem seus produtos para lojas que os oferecem para os consumidores – cada um obtendo lucro ao vender para o outro. Muitas pequenas empresas são administradas por seus proprietários, mas grandes companhias contratam diretores para administrar seu negócio. Eles garantem que o negócio seja lucrativo e decidem quais produtos fabricar e como vendê-los. Devido à pressão dos acionistas para conseguir lucro rápido, eles às vezes se concentram nisso em vez de reinvestir o lucro para melhorar a produtividade ou as condições de trabalho. Os administradores também podem se sentir tentados a fazer as empresas funcionarem em seu próprio benefício em vez de pelo bem da companhia a longo prazo.

> A razão entre o lucro e a receita gerada pelas vendas de um produto é conhecida como "margem de lucro".

Veja também: 52-53, 56-57

PUNIÇÃO E RECOMPENSA
Os administradores devem garantir que seus funcionários estejam trabalhando para o bem da empresa. O especialista em administração Douglas McGregor identificou dois estilos básicos de administração, Teoria X e Teoria Y: ameaçando punir os funcionários se o seu trabalho não é bom o suficiente, ou recompensando-os pelo bom trabalho.

Quanto vale?

Administrando EFICIENTE

PARA TER SUCESSO EM UM MERCADO LIVRE, AS EMPRESAS PRECISAM OFERECER SEUS PRODUTOS A PREÇOS COMPETITIVOS. A PRODUTIVIDADE DE UMA EMPRESA – A EFICIÊNCIA COM QUE ELA PRODUZ SEUS BENS OU SERVIÇOS – É A CHAVE DO SUCESSO. BONS ADMINISTRADORES GARANTEM QUE OS CUSTOS DA PRODUÇÃO SEJAM OS MENORES POSSÍVEIS.

Veja também: 50-51

Uma tarefa por vez

Os administradores estão sempre buscando maneiras de aumentar a produtividade, que é a relação entre a produção e os custos. Adam Smith apontou, quando a indústria manufatureira ainda era nova, uma forma de tornar a produção mais eficiente conhecida como "divisão do trabalho". A fabricação da maioria dos bens manufaturados envolve inúmeros processos diferentes que utilizam diferentes habilidades. Smith usou como exemplo a fabricação de alfinetes: o metal é endireitado, afiado, recebe uma cabeça e então é polido. Um trabalhador poderia realizar todas essas tarefas e fazer vinte alfinetes por dia. Mas esse trabalho pode ser dividido em processos separados, com cada trabalhador fazendo uma tarefa. Como ele se especializa em uma função, pode trabalhar muito mais rápido por não ter de mudar de uma tarefa para outra. Assim, dez funcionários podem produzir milhares de alfinetes em um dia – um aumento enorme de produtividade em relação aos duzentos que produziam antes.

> A principal **MELHORIA** no poder **PRODUTIVO** do trabalho... parece ter sido os efeitos da **DIVISÃO DE TRABALHO**.
> **ADAM SMITH**

QUANDO CADA TRABALHADOR FAZ UMA TAREFA ESPECÍFICA...

de forma

Aumentando a escala

Outra forma de aumentar a produtividade vem da economia de escala. Quanto mais bens uma fábrica produz, mais barato é fabricar cada item. Isso acontece porque os custos fixos, de coisas como prédios e maquinário, devem ser pagos qualquer que seja a produção da fábrica. Então, se uma grande quantidade de bens é produzida, os custos se diluem em um grande número de itens. Os custos também são reduzidos ao comprar matéria-prima em grande quantidade.

Outro custo de produção é o trabalho. As máquinas hoje podem fazer muitas tarefas, e uma única máquina com frequência pode realizar o trabalho de muitas pessoas usando apenas um operador. É por isso que as empresas gastam parte de seus lucros em pesquisa e desenvolvimento, buscando novas formas de aumentar a eficiência de seus equipamentos. A mão de obra pode ser mais barata em países pobres, então empresas de países ricos podem transferir sua produção para o exterior.

Cortes mais duros

Melhorar a produtividade no setor de serviços é mais difícil porque ele depende em grande parte de recursos humanos. A tecnologia da informação, contudo, trouxe algumas mudanças. Por exemplo, as empresas não precisam mais estar localizadas em cidades caras, e os serviços podem ser feitos via internet ou por e-mail.

Empresas voltadas para a produção de bens de alta qualidade enfatizam o fato de que seus produtos são feitos à mão e de forma tradicional. Essas empresas prosperam porque há uma demanda por produtos de qualidade pelos quais os consumidores pagam preços altos. Esses preços cobrem os custos altos de produção.

> Construtores de navios em Veneza, Itália, desenvolveram métodos de linha de montagem no século 14.

LINHAS DE MONTAGEM
Nas fábricas, os trabalhadores podem se envolver com diferentes estágios do processo de produção. O produto é passado de uma estação de trabalho para outra em uma linha de montagem, que é mais eficiente do que os trabalhadores se movimentarem com suas ferramentas. Em 1913, surgiram as linhas de montagem sobre esteiras transportadoras, que foram usadas para produzir em massa o automóvel Modelo T, da Ford.

➔ Muitas mãos
Fazer com que cada trabalhador se concentre em apenas um aspecto da produção, em vez de mudar de uma tarefa para outra, aumenta em muito a produtividade.

O PROCESSO DE FABRICAÇÃO É MAIS EFICIENTE.

54

EM FOCO

MOVIMENTOS COOPERATIVOS

COOPERATIVAS ENVOLVEM PESSOAS, COMO AGRICULTORES OU CONSUMIDORES, QUE SE UNEM PARA CRIAR UM NEGÓCIO NO QUAL TODOS TÊM A MESMA PARTICIPAÇÃO. AO FAZER ISSO, OS MEMBROS COOPERADOS TÊM SUAS NECESSIDADES ATENDIDAS DE UMA FORMA QUE NÃO PODERIAM TER POR CONTA PRÓPRIA. ASSIM, TODOS PODEM ALCANÇAR BENEFÍCIOS SOCIAIS DENTRO DA ECONOMIA CAPITALISTA.

BANCOS E COOPERATIVAS DE CRÉDITO

Cooperativas de crédito são, na verdade, pequenos bancos privados administrados pelas pessoas que utilizam seus serviços. Elas ajudam os membros a se unirem para poupar e conseguir empréstimos a taxas justas. A maioria é aberta apenas para pessoas que compartilham um interesse em comum, como uma profissão ou uma religião. Os bancos cooperativos são maiores que as cooperativas de crédito e diferem dos bancos comerciais apenas pelo fato de que são de propriedade de seus clientes e costumam ter políticas éticas de investimentos.

COOPERATIVAS DE TRABALHADORES

Uma cooperativa de trabalhadores é um negócio de propriedade dos trabalhadores. Não há mais um único dono, e os trabalhadores administram a empresa por si e para si mesmos. O negócio pode ser administrado por todos os membros de forma democrática ou por uma gerência eleita. Uma cooperativa de trabalhadores, argumentam alguns, é a alternativa natural às empresas que são administradas visando puramente ao lucro. Em vez de o capital empregar trabalhadores, os trabalhadores empregam o capital, e isso dá a eles maior controle.

Na Holanda, quase um terço das casas é de propriedade de cooperativas habitacionais.

Recursos e empresas

COOPERATIVAS HABITACIONAIS

Uma cooperativa tradicional é dona de propriedades residenciais e as administra em nome daqueles que vivem nelas. Ao juntar recursos, os membros de uma cooperativa habitacional podem comprar moradias e serviços melhores do que se pagassem por eles individualmente. Quando alguém sai do imóvel a administração da cooperativa escolhe novos moradores em nome dos membros. Para muitas pessoas, as cooperativas habitacionais são a única forma de conseguir uma moradia decente.

COOPERATIVAS DE CONSUMO

Uma cooperativa de consumo é de propriedade de seus clientes. Ao se reunirem, os membros conquistam o poder de conseguir maiores descontos comprando em grande quantidade, ou cortando os varejistas sedentos por lucros. O objetivo é fornecer aos membros produtos pelo menor preço possível, em vez de oferecê-los pelo maior preço que os compradores podem pagar para maximizar os lucros. O Cooperative Group do Reino Unido é a maior cooperativa de consumo do mundo, reunindo lojas, serviços de seguros, viagens, funerárias e bancos.

⬆ **Trabalhando juntos**
Quando indivíduos se reúnem para formar cooperativas, eles podem usar o fato de serem muitos para negociar ofertas melhores para seus integrantes.

"As **cooperativas** são um lembrete para a comunidade internacional de que é possível buscar tanto a **viabilidade econômica** quanto a **responsabilidade social**."

BAN KI-MOON, SECRETÁRIO-GERAL DA ONU

Ao TRABALHO

CADA SETOR PRECISA DE MÃO DE OBRA. MANUFATURA, CONSTRUÇÃO, AGRICULTURA E ESPECIALMENTE O SETOR DE SERVIÇOS, TODOS PRECISAM DE TRABALHADORES PARA PRODUZIR BENS E REALIZAR SERVIÇOS. ASSIM COMO OUTROS RECURSOS, A MÃO DE OBRA É COMPRADA E VENDIDA À MEDIDA QUE OS TRABALHADORES OFERECEM SEU TEMPO E HABILIDADES, E OS EMPREGADORES PAGAM POR ISSO COM REMUNERAÇÃO E SALÁRIO.

Veja também: 50-51, 126-127

O preço do trabalho

Em geral, empresas precisam empregar trabalhadores. E a maioria das pessoas precisa de algum tipo de emprego para ganhar dinheiro para viver. Isso fornece tanto oferta quanto procura – os empregadores oferecem trabalho e têm uma demanda por recursos humanos, ou mão de obra, e os trabalhadores fornecem seu trabalho e demandam empregos. A forma como as empresas e a força de trabalho interagem é conhecida como "mercado de trabalho". Assim como em outros mercados, a oferta e a demanda determinam o preço, nesse caso o preço do trabalho, ou a quantia paga em remuneração e salários. Os empregadores naturalmente querem minimizar seus custos, então tentam manter os salários baixos, enquanto os trabalhadores negociam pelos maiores salários possíveis. Mas se houver uma grande oferta de mão de obra, como acontece com qualquer produto, o preço cairá, e os empregadores poderão pagar salários mais baixos quando muitos trabalhadores estão procurando emprego. Isso costuma acontecer com trabalhos pouco especializados, principalmente em lugares com populações grandes. Por outro lado, os trabalhadores que possuem uma habilidade específica costumam ser escassos, e as empresas pagam mais para empregá-los.

Desequilíbrio

O mercado de trabalho é uma forma de alocar recursos humanos, distribuir empregos para os trabalhadores e fornecer aos empregadores as pessoas de que eles precisam para tocar seus negócios. Num mundo ideal, com um mercado de trabalho perfeito, ambos os lados se beneficiariam. Mas, na prática, nem a mão de obra, nem os

DIREITOS DOS TRABALHADORES

Os empregadores às vezes forçam seus empregados a aceitar salários baixos e trabalhar por jornadas longas. Para se proteger da exploração, os trabalhadores formam sindicatos. Os sindicatos permitem que os trabalhadores negociem coletivamente com os empregadores suas condições de trabalho, usando, no limite, a ameaça de parar de trabalhar – fazer greve – como uma ferramenta de barganha.

MECÂNICO

R$ 2.500

empregos são perfeitamente distribuídos. Alguns países têm uma grande força de trabalho não especializada e empregos insuficientes para todos, além da falta de trabalhadores com habilidades necessárias para preencher outras vagas. Nesse caso, os empregadores precisam pagar mais para treinar os trabalhadores. Em alguns países ricos, onde a força de trabalho é altamente especializada, há o problema oposto, e não há vagas suficientes para indivíduos capacitados. Os trabalhadores capacitados precisam então considerar aceitar cargos pouco especializados que pagam menos.

Sem trabalho

Outro resultado da distribuição desigual de empregos e trabalhadores é o desemprego, que tem muitas causas. Alguns empregos são sazonais, como no setor turístico, e os trabalhadores podem perder seu emprego durante os períodos de baixa atividade. O desemprego também pode se dar por causa da superprodução, quando uma empresa tem um excesso de produtos e não precisa mais de trabalhadores para produzi-los ou por causa de uma queda na demanda, como televisores que ficam ultrapassados. A mecanização de muitos setores também

> As taxas de desemprego entre jovens (de 14 a 24 anos) são muito mais altas do que as taxas entre os adultos.

> **A ECONOMIA É EXTREMAMENTE ÚTIL COMO UMA FORMA DE DAR EMPREGO AOS ECONOMISTAS.**
>
> JOHN KENNETH GALBRAITH

gera desemprego, e a todo momento pessoas aptas não conseguem encontrar trabalho. As taxas de desemprego – a porcentagem da população em idade produtiva que está desempregada – variam e são vistas como um indicativo da prosperidade econômica de um país. Mas essas taxas oferecem apenas uma visão geral, sugerindo que há mais pessoas querendo trabalhar do que empregos disponíveis. O que elas não mostram é quantas pessoas estão entre dois empregos ou trabalhando num setor sazonal e quantas estão desempregadas a longo prazo. As taxas tampouco explicam que as habilidades dos trabalhadores podem não ser as que o mercado necessita.

⊙ O valor do trabalho

Num mercado de trabalho ideal, os trabalhadores que procuram emprego trazem as habilidades requeridas pelos empregadores. Trabalhadores altamente capacitados ou com habilidades que são escassas podem pedir mais dinheiro por seu trabalho.

JORNALISTA

COZINHEIRO

ATOR

ENGENHEIRO

FAXINEIRO

MÉDICO

ENFERMEIRO

NO MERCADO DE TRABALHO, HABILIDADES SÃO COMBINADAS COM OS EMPREGOS

R$ 10.000

Quanto vale?

Grandes **GASTADORES**

OS FORNECEDORES NÃO EXISTIRIAM SE OS CONSUMIDORES NÃO QUISESSEM COMPRAR, OU CONSUMIR, SEUS BENS E SERVIÇOS. EM PAÍSES MAIS RICOS, ONDE AS PESSOAS TÊM MAIS DINHEIRO PARA GASTAR EM SUPÉRFLUOS, OS CONSUMIDORES SÃO CONSTANTEMENTE INCITADOS A COMPRAR, NO QUE FICOU CONHECIDO COMO "SOCIEDADE DO CONSUMO".

Tempo de expansão

Além de mudar a forma como produzimos bens, as indústrias manufatureiras que surgiram durante a Revolução Industrial, no final do século 18, alteraram quase todos os aspectos da nossa vida. Sociedades industrializadas prosperaram, especialmente a nova classe de capitalistas, os donos de moinhos e fábricas, cujos bens eram fornecidos a um número cada vez maior de lojas. Mas esses bens precisavam de compradores. A maior parte da riqueza foi para os donos de empresas, enquanto os trabalhadores ganhavam salários por seus empregos nas novas indústrias. Havia então mais pessoas, especialmente nas cidades, precisando comprar itens necessários e um número cada vez maior de empresários ricos querendo comprar itens de luxo. O mercado – a oferta e a procura a esses bens – cresceu. A produção aumentou, alinhada com a demanda, e a economia das sociedades industriais floresceu à medida que as indústrias forneciam ainda mais bens manufaturados e encontravam formas de produzi-los de maneira mais eficiente. O aumento da demanda fez baixar os preços dos bens de consumo cotidianos, à medida que os produtores competiam por consumidores.

Corrida às compras

Enquanto as sociedades industrializadas prosperavam, o mesmo aconteceu com o setor varejista – as lojas e os

Com 1.124.000 m² e 1.200 lojas, o Dubai Mall é o maior shopping center do mundo.

Gastar, gastar, gastar
À medida que as pessoas se tornam mais prósperas, elas têm mais dinheiro para gastar depois de pagar por suas necessidades e são encorajadas a gastar em bens de consumo.

mercados que vendem os produtos para o público. Nas cidades industriais, em vez de visitarem os mercados de agricultores, trabalhadores e donos de fábricas compravam seus produtos em lojas locais. Os centros de muitas áreas urbanas logo se transformaram em regiões de compras, e várias desenvolveram shopping centers. O setor do varejo também continuou a crescer junto com a manufatura à medida que as pessoas tinham mais dinheiro para gastar. Muitos dos comércios varejistas individuais se transformaram em grandes lojas de departamento e supermercados que oferecem uma grande variedade de produtos, ou em redes de lojas com filiais em muitas

> **O CONSUMO É O ÚNICO FIM E PROPÓSITO DE TODA PRODUÇÃO.**
> **ADAM SMITH**

Recursos e empresas

cidades. Hoje, nos países mais ricos, há também grandes lojas fora da cidade e shopping centers.

O varejo é hoje um importante setor, empregando um número imenso de pessoas. Ele depende de consumidores, então varejistas concorrentes incentivam os consumidores a comprar seus produtos. Todos nós somos potenciais consumidores e somos continuamente incitados a consumir e gastar mais. Essa ênfase no consumo e não na produção de bens é chamada de "consumismo". Para incentivar isso, os varejistas facilitaram o ato de comprar, oferecendo compras online e por telefone ou apresentando o ato de comprar como uma atividade agradável e não como uma tarefa.

Pequenos luxos da vida

Em países ricos, mais pessoas podem se dar ao luxo de comprar as coisas que querem, não só as de que necessitam. Além de comprar produtos que lhes dão prazer, as pessoas gastam dinheiro em serviços, como lavanderia e limpeza, ou cabeleireiro e tratamentos de beleza – coisas que antes elas fariam para si mesmas. Como resultado, as pessoas têm mais tempo de lazer, que podem desfrutar fazendo coisas de que gostem ou relaxando. Isso significa que podem gastar mais dinheiro em atividades de lazer – por exemplo, viajar nas férias ou comprar música, livros e jogos de computador.

OSTENTAÇÃO
A maior parte dos bens que compramos são necessários ou tornam nossa vida mais fácil. Mas o economista Thorstein Veblen observou que as pessoas compram alguns bens como símbolo de status, para ostentar quanto dinheiro elas têm para gastar. Esses exemplos de consumismo patente, como um Rolls-Royce, por exemplo, são conhecidos como "bens de Veblen".

COMPRAR COISAS DAS QUAIS NÃO NECESSITAMOS SE TORNOU UMA ATIVIDADE DE LAZER.

Veja também: 36-37, 130-131

Quanto vale?

TEMPO LIVRE

A tecnologia hoje faz boa parte do trabalho por nós, oferecendo uma oportunidade para termos mais tempo livre. Mas, na verdade, ela deixou muitas pessoas desempregadas, enquanto outras trabalham duro porque não podem se dar ao luxo de trabalhar menos horas se isso significa receber menos. Há menos trabalho e mais pessoas procurando emprego.

Uma forma de atrair consumidores é através de ofertas especiais. Os supermercados, por exemplo, podem oferecer bens por menos do que o preço de custo. Esses chamarizes atraem consumidores que podem comprar outros itens enquanto estiverem na loja. Outras empresas anunciam ofertas introdutórias, mas prendem o consumidor em contratos de longo prazo que podem não ser um bom negócio.

CHAMARIZ

Recursos e empresas
NA PRÁTICA

SOCIEDADE DE SERVIÇOS

As cidades de países desenvolvidos têm escritórios, lojas e restaurantes, mas pouco do seu passado industrial é visível. Nesses lugares, é fácil imaginar uma "sociedade pós-industrial" baseada apenas em serviços. Mas sempre precisaremos de indústrias para fornecer bens manufaturados e da agricultura para nos fornecer alimentos.

ONDE HÁ NO MUNDO

Os recursos naturais são abundantes em alguns lugares e escassos em outros. Por exemplo, em alguns países a água está amplamente disponível, mas em outros é tão valiosa que as pessoas brigam por ela. O controle de recursos como petróleo ou minérios dá poder político aos países.

Recursos e empresas

A concorrência faz com que os produtores ofereçam melhores produtos a preços mais baixos. Embora os consumidores tenham mais opções de produtos para comprar, um número muito grande de produtos similares causa confusão. Diante de alternativas demais, com diferenças muito sutis, os consumidores acham difícil fazer uma boa escolha.

OPÇÕES DEMAIS

MANTENDO ATUALIZADO

A tecnologia avança mais rápido que nunca, e os produtores continuam tentando persuadir os consumidores a comprar suas últimas novidades. Bens eletrônicos em particular se tornam rapidamente obsoletos, e então o caríssimo smartphone lançado no ano anterior, mesmo que ainda funcione perfeitamente, perde seu valor assim que a tecnologia se atualiza.

Como consumidores, compramos nossos bens e serviços de fornecedores, que os oferecem para venda no mercado. Os produtos que são oferecidos, e seu preço, dependem da demanda por eles. Isso por sua vez determina a forma como usamos nossos recursos, quem fica com o quê e os tipos de indústrias que temos.

Diante da concorrência de grandes corporações, muitas firmas menores fecharam ou foram compradas por empresas maiores. Algumas companhias cresceram tanto que são mais ricas do que muitos países, e os governos não podem se dar ao luxo de ignorá-las.

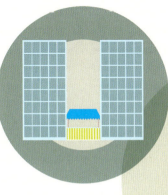

UM NICHO NO MERCADO

OS GRANDES

Ao iniciar um negócio ou lançar um produto, é importante ser competitivo. Não basta ter um bom produto, especialmente se alguém já está vendendo algo similar. Para encontrar um espaço no mercado, seu produto precisa satisfazer uma demanda que ainda não foi atendida. Isso é conhecido como "preencher um nicho no mercado".

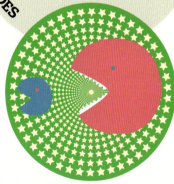

O **DINHEIRO** faz o mundo girar?

Deixe ESTAR

COMÉRCIO livre

é um mundo PEQUENO

ALTOS e BAIXOS da economia

Quando os mercados
não FAZEM SUA PARTE

Um problema IMPOSTO

O que o FUTURO reserva?

Um negócio ARRISCADO

Uma APOSTA consciente

A ganância é BOA?

Tomando a decisão CERTA

O custo para a TERRA

Os países fazem comércio uns com os outros há milhares de anos, mas hoje o transporte e as comunicações modernos fizeram com que o comércio internacional seja parte importante da economia de todos os países. A globalização significa que hoje existem muitas companhias vendendo e até mesmo produzindo seus bens no exterior. Isso trouxe prosperidade a muitas partes do mundo, mas a disseminação mundial da indústria também trouxe sérios problemas ambientais.

O dinheiro faz o mundo girar?

Deixe **ESTAR**

NUM MERCADO, OFERTA E PROCURA ARTICULAM-SE PARA BENEFÍCIO DOS CONSUMIDORES E PRODUTORES. ISSO FUNCIONA NA TEORIA, MAS NA PRÁTICA O SISTEMA NÃO É PERFEITO. OS MERCADOS PRECISAM DE REGULAÇÃO PARA GARANTIR QUE ALGUMAS PESSOAS NÃO SE BENEFICIEM MAIS DO QUE OUTRAS.

Equilíbrio perfeito

Num mundo ideal, a forma como compradores e vendedores fazem negócios no mercado levaria ao equilíbrio perfeito entre a oferta e a procura. Deixado por conta própria, o mercado regularia a si mesmo. Mas na realidade isso nem sempre acontece. Economistas têm visões diferentes sobre quanto se deve deixar os mercados atuar livremente e quanto controle deve haver sobre a forma como operam. Em um extremo, os economistas do *laissez-faire* argumentam a favor de mercados totalmente livres sem intervenção e, no outro, os economistas marxistas – aqueles que seguem as teorias de Karl Marx (veja p. 48) – argumentam a favor do total controle do governo sobre a produção. Entre esses extremos, o pensamento econômico mais comum concorda que deve haver alguma regulação para compensar as falhas do sistema de mercado, com alguma intervenção do governo. Entretanto, pode-se discordar sobre quão livres os mercados devem ser e quanto os governos devem intervir.

A OFERTA CRIA SUA PRÓPRIA DEMANDA.
JOHN MAYNARD KEYNES

BARREIRAS DEMAIS ATRAPALHAM O CAMINHO DO MERCADO?

⬆ Caminho mais seguro

Assim como as leis de trânsito diminuem a velocidade do tráfego mas o tornam mais seguro, a regulação dos mercados restringe a atuação das empresas mas as torna mais justas.

Mercados e comércio

Pensadores livres

Os economistas do livre mercado dizem que a maioria das regulações é desnecessária, atrapalha as empresas que ajudam a economia a crescer e desencoraja a inovação. É verdade que algumas leis restringem o que as empresas podem fazer, mas ninguém se oporia a leis que proíbem alguém de oferecer seus serviços de atirador ou vender drogas viciantes. Algumas regulações impostas sobre as empresas são criadas para impedir atividades criminosas como fraude e propina, ou a venda de produtos defeituosos.

As empresas naturalmente querem liberdade para atuar em benefício próprio ou para o bem de suas companhias e acionistas, mas os governos devem agir em prol do interesse público e da economia do país como um todo. Por exemplo, as empresas veem os impostos como um fardo, muito embora eles forneçam ao governo o dinheiro para manter serviços públicos como educação e saúde para aqueles que não têm condições de pagar por eles. Em muitos países, há leis contra práticas injustas de comércio para proteger os direitos dos consumidores e garantir que as empresas ofereçam salários e condições de trabalho justos.

Outros economistas acreditam que os governos deveriam intervir para ajudar a economia do país. Um dos lados negativos do mercado livre é que ele tem períodos de altas e baixas. Se um governo tem algum controle sobre o planejamento de sua economia, ele pode minimizar essas flutuações e talvez evitar uma crise financeira. Algumas intervenções do governo, como impostos sobre bens importados e subsídios para as indústrias nacionais para ajudá-las a competir com companhias estrangeiras, podem ser benéficas também para as empresas.

Liberdade ou igualdade?

Os argumentos contra e a favor dos mercados livres ou da intervenção do governo não são puramente econômicos. Eles também são baseados na política. A escolha se reduz à liberdade *versus* igualdade. Mercados desregulados, preferidos pelos países liberais, dão às pessoas a liberdade de escolher, mas pagando o preço de uma sociedade desigual; enquanto economias centralizadas, defendidas por políticos e economistas socialistas, oferecem uma distribuição de riqueza mais justa, porém têm mais restrições. Mesmo em "economias mistas" o equilíbrio muda com o tempo, de forma que, desde os anos 1980, a abordagem do *laissez-faire* tendeu a dominar em muitos países.

Veja também: 14-15, 32-33, 38-39

A Coreia do Norte, um Estado socialista, é a economia mais centralizada do mundo.

UM EXPERIMENTO FRACASSADO?

Durante o século 20, muitos países adotaram alguma forma de governo comunista que controlava a produção de bens e serviços. Na maioria dos casos, essas economias centralizadas fracassaram em atender à demanda, havendo superprodução de alguns bens e escassez de outros. A maioria dos economistas vê o fracasso dessas economias como prova da necessidade de mercados livres.

COMÉRCIO livre

ALÉM DOS BENS E SERVIÇOS QUE SÃO PRODUZIDOS E VENDIDOS DENTRO DE UM PAÍS, HÁ ALGUNS QUE SÃO PRODUZIDOS PARA VENDA EM OUTROS PAÍSES E OUTROS AINDA QUE SÃO COMPRADOS DO EXTERIOR. HÁ MILHARES DE ANOS OS PAÍSES FAZEM COMÉRCIO UNS COM OS OUTROS, IMPORTANDO BENS QUE SÃO ESCASSOS E EXPORTANDO AQUELES QUE TÊM DEMANDA EM OUTROS LUGARES.

Veja também: 32-33, 48-49

Quem precisa do quê?

Dentro de um país, existe comércio entre os produtores de todos os tipos de bens, garantindo que eles sejam distribuídos onde quer que sejam necessários. Por exemplo, as pessoas precisam que os alimentos sejam transportados da zona rural para as cidades, e os que vivem no interior precisam de bens manufaturados produzidos nas áreas industriais. O mesmo acontece no mundo inteiro. Alguns países, por exemplo, têm o clima adequado para plantar determinados alimentos, enquanto outros têm diferentes recursos naturais, como petróleo ou minérios, ou desenvolveram a capacidade de fabricar determinados tipos de bens. Fazendo comércio entre si, os países trocam os bens que produzem por aqueles de que necessitam. Esse tipo de comércio internacional começou com as civilizações antigas e se tornou uma parte importante da economia de muitos países à medida que rotas de comércio foram estabelecidas para transportar bens pelo mundo. Antes da Revolução Industrial (ver pp. 42-43), as maiores empresas eram administradas por mercadores e negociantes internacionais, e não por produtores de bens.

A Rota da Seda foi uma rota comercial que ligou China, Índia, Arábia e Europa por mais de 1.500 anos.

Valorizar a força

Desde o crescimento das indústrias manufatureiras, o comércio internacional

◐ **Alimentos por bens**
Se um país é bom em agricultura mas não em manufatura, ele pode produzir alimentos suficientes para sua população e para exportar para outros países, e escolher importar bens como carros.

ALIMENTOS SÃO EXPORTADOS EM TROCA DE BENS NECESSÁRIOS

Mercados e comércio

continuou a representar um papel essencial na economia de todos os países. Na maioria dos casos, é praticamente impossível para um país ser totalmente autossuficiente, já que ele talvez não tenha os recursos para produzir alguns dos bens de que as pessoas precisam. Esses têm de ser importados de outros lugares em troca de dinheiro ou de bens de que o outro país precisa. Mas isso nem sempre ocorre porque um país não consegue produzir

DAVID RICARDO (1772-1823)
Nascido em Londres, Ricardo, assim como seu pai, foi corretor de ações. Depois de fazer fortuna comprando títulos do governo antes da Batalha de Waterloo (1815), ele se tornou político. Um dos principais economistas clássicos, ele escreveu *Princípios de economia política e tributação*, em 1817.

> ... A DOUTRINA DE UM ECONOMISTA... CERTAMENTE TERÁ... "EU DEFENDO O COMÉRCIO LIVRE".
>
> PAUL KRUGMAN, ECONOMISTA NORTE-AMERICANO

os bens necessários. Às vezes é mais barato comprá-los de outro país do que fabricá-los. Por exemplo, um país que é principalmente agrícola pode ser capaz de produzir bens manufaturados como carros, mas tem uma indústria automotiva pequena e não muito eficiente. Mas, como sua agricultura é produtiva, ele pode alimentar seu próprio povo e ter o suficiente para vender para outro país. Ao mesmo tempo, o outro país pode ser capaz de fabricar carros de forma mais eficiente, mantendo os custos da produção baixos, mas não ser capaz de produzir alimentos suficientes. Seria um erro para o primeiro país fabricar mais carros, tirando dinheiro e trabalhadores da agricultura que vai tão bem. Nas palavras do economista David Ricardo (ver quadro acima), esse país tem uma "vantagem comparativa" na agricultura e faz muito bem em se especializar nela.

Proteger as empresas

O comércio internacional nem sempre é visto como uma coisa boa. Exportar bens traz dinheiro, mas as importações precisam ser pagas. Se um país está em déficit, gastando mais dinheiro em importações do que recebendo por suas exportações, seu governo pode tentar restringir as importações. Com frequência é possível, por exemplo, produzir os mesmos bens localmente, só que a um custo mais alto. Para proteger os produtores de seus países da concorrência externa, alguns governos impõem tarifas sobre bens importados, para torná-los mais caros. Alguns economistas discordam desse tipo de "protecionismo", como é chamado. Eles argumentam que o comércio internacional deveria ser livre, sem restrições do governo.

Veja também: 68-69, 104-105

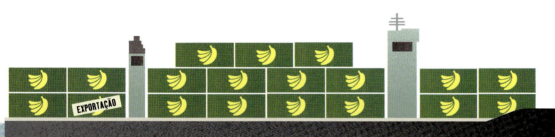

O dinheiro faz o mundo girar?

Veja também: 34-35, 52-53, 66-67

É um mundo

O COMÉRCIO INTERNACIONAL EXISTE DESDE QUE EXISTEM NAÇÕES. PRIMEIRO, ELE ACONTECIA ENTRE PAÍSES VIZINHOS, DEPOIS SE ESPALHOU PELO MUNDO À MEDIDA QUE NAVIOS, FERROVIAS, ESTRADAS E AVIÕES FACILITARAM O TRANSPORTE DE BENS. HOJE, COMUNICAÇÕES E TRANSPORTES CONFIÁVEIS E BARATOS SIGNIFICAM QUE AS EMPRESAS PODEM SER VERDADEIRAMENTE GLOBAIS.

Um mercado bem maior

Há cerca de duzentos países no mundo hoje. Com os transportes modernos o telefone e a internet é possível viajar e se comunicar com qualquer um deles. As empresas que produzem bens e serviços para exportação agora têm mais potenciais clientes do que nunca, neste que é efetivamente um mercado global. Da mesma forma que as economias de mercado se desenvolveram dentro de cada país, uma economia de mercado global está surgindo. A ideia de que um mercado livre com alguma regulação governamental é a forma mais eficiente de combinar a oferta com a procura de bens e serviços também se aplica ao comércio globalizado. Os países fazem comércio entre si para benefício mútuo, e a competição entre eles garante que suas empresas sejam produtivas e os preços, justos. Mas, como em qualquer outro mercado, existem algumas restrições na prática. Alguns países, por exemplo, impõem taxas de importação sobre certos bens ou proíbem o comércio com determinados países. Outros se uniram para formar áreas de comércio livre nas quais facilitam as negociações entre si, mas têm regulações rígidas sobre o comércio com o resto do mundo.

COMPANHIAS PODEM OPERAR PELO MUNDO INTEIRO

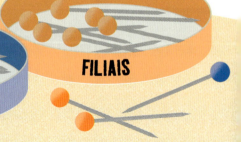

SEDE
FILIAIS

➔ Negócio globalizado

Grandes companhias tendem a ter sua sede em países ricos, mas normalmente produzem bens em países mais pobres, em desenvolvimento, para economizar nos custos de transporte e na mão de obra.

PEQUENO

Mercados e comércio

Ganhando o mundo

Em geral, tem havido uma tendência contínua de globalização, com cada vez mais comércio livre no mundo. Grandes companhias se aproveitaram da oportunidade de vender seus produtos para diferentes países, e muitas hoje têm clientes no mundo inteiro. Algumas firmas, como redes de supermercado ou restaurantes de fast-food, abriram lojas em outros países para vender seus produtos ou serviços.

Há também grandes corporações que não só vendem seus produtos no exterior, como também produzem os bens em outros países. Essas companhias, chamadas transnacionais ou multinacionais, normalmente são sediadas em países ricos e desenvolvidos. Assim, embora os donos e a administração da companhia estejam em seu país de origem, ela pode produzir quase nada ou nada dos seus produtos lá. Há muitas vantagens em transferir a produção para outros países. Por exemplo, os custos de transporte podem ser reduzidos se os bens são manufaturados no país que irá comprá--los. O custo de importar matéria-prima também pode ser evitado se as fábricas forem construídas no país onde ela é produzida. Mas a maior economia é possivelmente na mão de obra, porque é quase sempre mais barato administrar uma fábrica num país mais pobre, em desenvolvimento, onde os custos com trabalhadores são mais baixos.

QUANDO OS EUA ESPIRRAM, O MUNDO INTEIRO FICA GRIPADO.

ANÔNIMO

Veja também: 104-105, 110-111

A Companhia Holandesa das Índias Ocidentais, estabelecida em 1602, é considerada a primeira corporação multinacional moderna.

Quem lucra?

Hoje, corporações multinacionais produzem bens em muitos países diferentes e os vendem no mundo inteiro. O valor desse comércio costuma ser maior do que o valor de um país inteiro. A extensão dos negócios pode ser global, empregando pessoas em vários países, mas uma multinacional com sede nos Estados Unidos, por exemplo, provavelmente terá sua administração e seus acionistas também sediados lá, que é para onde os lucros da companhia serão direcionados.

MOVIMENTO DO TRABALHO

A globalização evoluiu através do comércio internacional, que depende da circulação livre dos bens entre os países. Embora essa prática tenha se disseminado, o mesmo não aconteceu com o movimento de trabalhadores, que permitiria que as pessoas se mudassem de um país para outro para trabalhar. Muitos países restringem a imigração para destinar seus empregos à sua própria população ativa, mas outros argumentam que o trabalho de imigrantes é essencial para a economia.

O dinheiro faz o mundo girar?

Veja também: 50-51, 126-127

ALTOS e BAIXOS da economia

AS PESSOAS NOS PAÍSES INDUSTRIALIZADOS VIRAM SEU PADRÃO DE VIDA AUMENTAR MUITO AO LONGO DOS ÚLTIMOS DUZENTOS ANOS. ISSO É RESULTADO DO CRESCIMENTO ECONÔMICO, OU SEJA, DO AUMENTO GRADUAL NA RIQUEZA DE UM PAÍS, UM DOS BENEFÍCIOS DA ECONOMIA DE MERCADO. MAS ESSE CRESCIMENTO NÃO É UM PROCESSO CONTÍNUO E É MARCADO POR ALTOS E BAIXOS.

QUEM ACREDITA QUE O **CRESCIMENTO EXPONENCIAL** PODE **CONTINUAR** PARA SEMPRE NUM **MUNDO FINITO** OU É LOUCO OU É **UM ECONOMISTA.**

KENNETH BOULDING, ECONOMISTA BRITÂNICO

Perdendo o equilíbrio

Num mundo ideal, com um mercado "perfeito", a quantidade de bens e serviços fornecidos sempre se equilibrará com a demanda por eles. Mas, na prática, esse equilíbrio de mercado, como é chamado, não é um estado contínuo. Há muitas coisas fora do mercado que podem afetar os níveis de oferta e procura. Por exemplo, um vendedor de sorvete pode vender muito quando o tempo está quente, mas ter poucos clientes durante um inverno frio. Ou a demanda por um produto pode desaparecer por causa de uma nova tecnologia, como quando um smartphone mais recente é lançado e os produtores não conseguem vender suas versões ultrapassadas.

Então, há mudanças contínuas na atividade do mercado. Geralmente, elas são apenas pequenas flutuações do equilíbrio,

A diminuição da atividade econômica é chamada de "recessão" e, se ela continua por muito tempo, é conhecida como "depressão".

Mercados e comércio

Altos e baixos do mercado
A atividade econômica no mercado não é estável, tem altos e baixos. Circunstâncias externas ao mercado podem afetar a oferta e a procura, levando a períodos de crescimento e declínio.

O CRESCIMENTO ECONÔMICO PODE SER UMA MONTANHA-RUSSA DE ALTOS E BAIXOS.

mas, de tempos em tempos, há períodos em que as empresas estão indo bem e o mercado cresce, e outros em que o desequilíbrio entre a oferta e a demanda deixa os negócios em baixa. Embora esses altos e baixos não sigam um padrão e reflitam circunstâncias mutáveis, isso é chamado de "ciclo dos negócios". Em vez de ser equilibrada, a atividade econômica – a quantidade de negócios no mercado – está sempre aumentando e diminuindo. Períodos de crescimento e expansão se alternam com ondas de declínio e recessão. Em geral, a tendência dos mercados é de expansão gradual – crescimento econômico – com o aumento tanto da oferta quanto da demanda, melhorando o padrão de vida. Mas há momentos em que esse crescimento econômico aumenta rapidamente, causando um "boom" econômico. E há outros em que ele desacelera, ou até cai, levando a uma recessão econômica.

Expansão e crise
A instabilidade das economias de mercado que alternam entre expansão e crise é uma grande desvantagem, mesmo que a longo prazo elas gerem crescimento econômico. Essa é a principal razão para que haja regulação do governo sobre os mercados livres.

Até recentemente, a maioria dos economistas acreditava que, embora existam altos e baixos, as economias de mercado podiam continuar crescendo e melhorando o padrão de vida. Essa ideia surgiu quando as populações eram muito menores e parecia que podíamos continuar usando mais recursos naturais indefinidamente. Contudo, os ambientalistas nos conscientizaram de que vivemos num mundo de recursos finitos, que não podem ser substituídos.

À medida que as economias crescem, nós também consumimos mais recursos. A oferta das coisas das quais precisamos para sustentar o crescimento está diminuindo, mas, ao mesmo tempo, as populações estão aumentando e demandando um melhor padrão de vida. Além de se tornarem mais escassos, o uso que fazemos de alguns recursos, por exemplo de combustíveis fósseis como o petróleo, o gás e o carvão, está causando problemas ambientais que terão graves consequências econômicas. A melhoria contínua do padrão de vida do qual desfrutamos nos últimos dois séculos não pode continuar, de acordo com os economistas ambientais. Em vez de buscar o crescimento econômico contínuo, precisamos visar economias sustentáveis, reduzindo o consumo e utilizando recursos renováveis.

A QUEBRA DE WALL STREET
Um exemplo dramático de expansão e crise no século 20 foi a Quebra da Bolsa de Nova York. Nos anos 1920, as empresas estavam em expansão no mercado de ações de Wall Street, em Nova York, refletindo a economia norte-americana em crescimento. Mas a situação mudou drasticamente em 1929, quando companhias faliram, marcando o início da Grande Depressão que continuou pela década seguinte.

EM FOCO

BOLHAS ECONÔMICAS

UMA BOLHA ECONÔMICA É UM MOMENTO DE LOUCURA DO MERCADO. AS PESSOAS CORREM PARA COMPRAR AÇÕES DO QUE PARECE SER A PRÓXIMA GRANDE OPORTUNIDADE. DEPOIS DE UM TEMPO, OS PREÇOS FICAM TÃO ALTOS QUE ALGUNS INVESTIDORES PERDEM A CORAGEM E SE RETIRAM. À MEDIDA QUE A CONFIANÇA DIMINUI, OS PREÇOS CAEM E A BOLHA ESTOURA.

TULIPOMANIA

Nos anos 1630, as classes médias holandesas enlouqueceram com as tulipas, criando a primeira bolha econômica conhecida. Tudo começou quando se descobriu que tulipas da Turquia, com suas cores vibrantes, podiam ser cultivadas nos jardins holandeses. Rapidamente elas se tornaram um item obrigatório para todas as famílias abastadas, e os bulbos eram passados de mão em mão a preços exorbitantes. Então, um dia, um comprador se recusou a pagar o preço de um bulbo em leilão. A bolha da tulipa explodiu, e fortunas foram perdidas.

BOLHA DOS MARES DO SUL

As bolhas econômicas receberam esse nome por causa de um desastre econômico em 1720. O Parlamento Britânico deu à Companhia dos Mares do Sul o monopólio aparentemente valioso sobre o comércio com a América do Sul em troca de um empréstimo. As ações da companhia subiram, tornando os investidores aparentemente ricos, e outros esquemas foram logo lançados. Mas o comércio com a América do Sul foi um grande desastre, e, à medida que muitos esquemas não deram em nada, as ações despencaram.

Mercados e comércio

Quando a bolha estoura

Bolhas econômicas se formam quando há uma corrida para comprar ações de empresas que produzem um determinado produto ou serviço. O mercado fica superaquecido e os investidores começam a se retirar, a bolha estoura e os preços caem drasticamente.

COMPORTAMENTO DE MANADA

Em 1841, o jornalista escocês Charles Mackay argumentou que as bolhas econômicas eram causadas por um "comportamento de manada". É a ideia de que as pessoas podem se deixar levar pelo comportamento dos outros, assim como um rebanho ou uma manada de búfalos correndo. Para prever quando as bolhas econômicas vão acontecer, economistas comportamentais e psicólogos como Daniel Kahneman estudam o comportamento de manada para ver de que modo emoções como a ganância e o medo podem afetar os mercados de ações.

> "Os homens, já foi bem dito, **pensam em rebanhos**; pode-se observar que eles **enlouquecem em rebanhos**, mas só recobram a razão lentamente, **um a um**."
>
> CHARLES MACKAY, AUTOR ESCOCÊS DE *EXTRAORDINÁRIOS ENGANOS POPULARES E A LOUCURA DAS MULTIDÕES*

BOLHA PONTO COM

Este século começou com a explosão da bolha "ponto com". Convencidos de que a internet iria mudar da noite para o dia a forma como os negócios eram feitos, especuladores correram para comprar ações de novas companhias de comércio eletrônico. Algumas companhias sem histórico na Bolsa e com pouca receita atraíram bilhões de dólares de investimento, e os preços das ações inflaram. Mas os valores eram apenas uma ilusão. A bolha estourou, e os preços das ações caíram de forma catastrófica.

Entre 2000 e 2002, 7 trilhões de dólares em investimentos em empresas de internet foram perdidos.

Quando os mercados FAZEM SUA PARTE

UM MERCADO NORMALMENTE É CONSIDERADO UMA BOA MANEIRA DE DISTRIBUIR BENS E SERVIÇOS PARA AS PESSOAS QUE NECESSITAM DELES OU OS DESEJAM. OS FORNECEDORES OS OFERECEM PARA VENDA, E OS CONSUMIDORES OS COMPRAM – E TODO MUNDO SE BENEFICIA COM A TRANSAÇÃO. MAS OS MERCADOS NEM SEMPRE FUNCIONAM COM TANTA EFICIÊNCIA.

> A MUDANÇA CLIMÁTICA REPRESENTA A MAIOR E MAIS ABRANGENTE FALHA DE MERCADO JÁ VISTA.
>
> NICHOLAS STERN, ECONOMISTA BRITÂNICO

Veja também: 34-35, 48-49, 66-67

ALGUNS BENS, COMO AS QUEIMAS DE FOGOS, SÃO PÚBLICOS MESMO QUANDO FORNECIDOS PELO MERCADO

Uma relação desigual

Há várias formas pelas quais um mercado pode falhar em destinar bens e serviços como deveria. Essas falhas são inevitáveis nos mercados livres. Mesmo os economistas que argumentam que os mercados deveriam ser livres para funcionar sem interferência e regulação do governo reconhecem que, na prática, isso nem sempre é possível. Um problema é que os dois lados de uma transação, o comprador e o vendedor, podem nem sempre estar em pé de igualdade. O vendedor pode ter informações sobre os produtos que o comprador desconhece. Alguém que está vendendo um carro de segunda mão, por exemplo, pode saber que logo ele precisará de consertos caros, mas provavelmente não vai dizer isso para que o comprador não desista, nem ofereça menos dinheiro. Às vezes é o comprador que tem a vantagem. Alguém que está comprando uma fazenda em más condições pode pagar menos do que ela vale porque o dono não sabe de uma pesquisa que mostra que ela está sobre uma grande reserva de petróleo. Essa "informação assimétrica", ou injustiça, existe em todos os tipos de mercado, e seria estranho pensar que as pessoas não tirariam vantagem disso. Para tornar o mercado mais justo, os governos costumam impor regulações sobre o fornecimento de informações e leis para prevenir o "insider trading", ou seja, o uso de informações que não estão disponíveis para o público em geral.

Dominação total

Uma forma diferente de injustiça vem da falta de concorrência no mercado. Um monopólio, quando há apenas um vendedor de

PAGUE AQUI

não

Mercados e comércio

Free-riding
Como uma queima de fogos pode ser vista a quilômetros de distância, pessoas que não pagaram para assistir ao evento num parque podem "pegar uma carona" à custa de quem pagou.

determinado produto, significa que o comprador não tem escolha e é obrigado a pagar qualquer preço que o vendedor peça. Mesmo que existam vários fornecedores daquele produto, eles podem se juntar num grupo conhecido como cartel e concordar em não competir nos preços. Os compradores então terão de pagar mais do que gostariam, e os vendedores podem lucrar injustamente à custa deles.

Quem vai pagar?
Nem todas as falhas do mercado são tão óbvias. Tanto o comprador quanto o vendedor podem estar satisfeitos com a transação, mas às expensas de um terceiro. Quando uma transação resulta em custo ou dano a pessoas que não estão envolvidas nela, é conhecida como uma "externalidade". Por exemplo, ao comprar uma guitarra elétrica e um amplificador, você pode estar satisfeito com o negócio e a loja da qual você os comprou teve lucro. Mas sua família e seus vizinhos podem sofrer com o barulho que você vai fazer. Em grande escala, as empresas podem produzir os bens que os consumidores demandam e ambos podem se beneficiar com isso, mas a poluição da fábrica da companhia tem de ser removida, geralmente à custa da população. Há ainda outro tipo de falha do mercado que envolve gasto público. É difícil de impedir que as pessoas usem de graça alguns bens. Se você monta uma queima de fogos de artifício, por exemplo, o espetáculo acontecerá no céu, onde todos podem enxergar. Pode ser difícil pedir que as pessoas que assistiram aos fogos comprem ingressos para o evento, então é difícil receber de volta o dinheiro gasto com os fogos. Esse problema é chamado de "free-riding" e significa que bens públicos, como iluminação de rua, estradas e faróis, são fornecidos por governos e não por empresas comerciais.

Caveat emptor, em latim, significa "tome cuidado, comprador".

SUBSÍDIOS ESTATAIS
Na maioria dos países, os governos fornecem bens públicos com dinheiro dos contribuintes ou por meio de companhias estatais. Eles também podem dar dinheiro para uma empresa, como subsídio para encorajá-la a fornecer bens e serviços que de outra forma não gerariam lucro, como a energia limpa, por exemplo.

O dinheiro faz o mundo girar?

Veja também: 44-45, 48-49

Um problema
IMPOSTO

OS GOVERNOS DEVEM CUIDAR DAS PESSOAS DE SEU PAÍS, FORNECENDO SERVIÇOS COMO DEFESA E EDUCAÇÃO. PARA PAGAR POR ISSO, ELES PRECISAM DE DINHEIRO, QUE VEM DOS IMPOSTOS COBRADOS DAS PESSOAS. O GOVERNO DE CADA PAÍS DECIDE QUANTO IMPOSTO SEUS CIDADÃOS DEVEM PAGAR.

IMPOSTOS PAGAM POR DEFESA, POLICIAMENTO, EDUCAÇÃO, SAÚDE, BENEFÍCIOS SOCIAIS, INFRAESTRUTURA E AJUDA EXTERNA.

O que eu ganho?

Quase todo mundo paga imposto de uma forma ou de outra. É a maneira pela qual cada um de nós faz uma contribuição para pagar por coisas que beneficiam a todos e que acreditamos que devam ser fornecidas pela comunidade como um todo. Talvez mais importante que isso, o dinheiro dos impostos paga as Forças Armadas que protegem nosso país de inimigos e as forças policiais que nos protegem dos criminosos. Mas há muitos outros serviços fornecidos pelo Estado que devem ser pagos com dinheiro público. Entre eles estão serviços de emergência como os bombeiros, além de escolas e hospitais. Nossos impostos também podem ser usados para pagar por bens públicos, tais como rodovias e iluminação pública, que empresas privadas não poderiam fornecer de forma lucrativa. A gama de bens e serviços fornecidos pelo

Mercados e comércio

Pagando impostos
Uma proporção do dinheiro que ganhamos é paga em impostos para o governo. Esse dinheiro é usado para fornecer serviços públicos que beneficiam a sociedade como um todo.

A COISA MAIS DIFÍCIL DE ENTENDER NO MUNDO É O IMPOSTO DE RENDA.
ALBERT EINSTEIN, FÍSICO ALEMÃO

Estado varia de país para país. Alguns governos gastam boa parte do dinheiro levantado com os impostos no bem-estar social, em benefícios para os pobres, incapazes e desempregados e em pensões para os idosos; outros o utilizam para fornecer um sistema de saúde disponível para todos, outros ainda preferem fornecer apenas serviços essenciais para reduzir os gastos do governo e os impostos ao mínimo.

Tornando mais justo
Fornecer bens e serviços públicos não é o único motivo pelo qual existem impostos. Ao taxar alguns bens, o governo influencia o mercado. Por exemplo, um imposto pode ser cobrado sobre os bens de uma indústria que polui o meio ambiente. Seus bens então se tornam mais caros, assim o produtor e os compradores são pressionados a encontrar alternativas. Muitos governos também cobram impostos sobre coisas como álcool e tabaco para arcar com gastos-extra em saúde pública. Por outro lado, empresas que produzem coisas consideradas desejáveis, como energia renovável, podem ter seus impostos reduzidos.

Há diferentes formas pelas quais os governos conseguem sua arrecadação, o dinheiro tomado pelos impostos. Pode ser uma proporção do dinheiro que uma pessoa ganha trabalhando – imposto de renda – ou uma parte do que uma empresa tira de lucro, ambas pagas diretamente para o governo. Outras formas de imposto direto são baseadas na quantidade de propriedades, ou riqueza, que uma pessoa tem. Impostos diretos como o imposto de renda costumam ser progressivos, então, quanto mais dinheiro uma pessoa tem, maior a proporção que ela paga em impostos. Há também a cobrança indireta, na forma de uma quantia acrescentada ao preço de bens e serviços. Esses impostos são criticados e considerados injustos, porque são regressivos: os pobres pagam uma proporção maior de sua renda em taxas sobre vendas em comparação aos ricos.

> O primeiro imposto progressivo foi coletado na Inglaterra em 1799 por William Pitt, o Jovem, para financiar a guerra com a França.

Um fardo pesado
Embora a maioria das pessoas concorde com a ideia de pagar por serviços públicos, os impostos são vistos como um fardo. Defensores dos mercados livres argumentam que tudo, exceto os serviços essenciais, pode ser fornecido por empresas privadas e que impostos altos interferem no mercado. O economista Alex Laffer argumentou que impostos mais baixos incentivam as empresas, fazendo com que os governos tenham maior arrecadação do que se cobrassem uma taxa alta. Economistas mais à esquerda argumentam que os mercados precisam de regulação e os impostos reduzem a injustiça de um mercado livre.

Veja também: 100-101, 118-119

NESSE MUNDO NÃO SE PODE TER CERTEZA DE NADA, A NÃO SER DA MORTE E DOS IMPOSTOS.
BENJAMIN FRANKLIN, TEÓRICO POLÍTICO NORTE-AMERICANO

EVITANDO IMPOSTOS
Há leis para garantir que todos paguem sua parte justa de impostos. A evasão fiscal, que acontece quando alguém mente sobre sua renda, por exemplo, é ilegal. Mas ninguém quer pagar mais do que precisa, e algumas pessoas encontram formas legais de evitar pagar impostos. Uma dessas formas é registrar a sede de uma empresa num paraíso fiscal, um país que têm impostos muito baixos.

O dinheiro faz o mundo girar?

O que o FUTURO

OS PREÇOS DOS BENS NO MERCADO SOBEM E DESCEM, REFLETINDO AS MUDANÇAS NA OFERTA E NA PROCURA. NATURALMENTE, EMPRESAS QUE PRECISAM COMPRAR COMMODITIES PREFEREM FAZER ISSO QUANDO OS PREÇOS ESTÃO BAIXOS, MAS COM FREQUÊNCIA PRECISAM PEDIR OS PRODUTOS COM MESES DE ANTECEDÊNCIA. AO PAGAR OS PREÇOS DE HOJE, ELAS PODEM PERDER DINHEIRO QUANDO O PREÇO CAI, OU GANHAR SE ELE AUMENTA.

Faça sua aposta

Commodities como petróleo, metais e trigo são compradas e vendidas nos mercados de commodities, onde compradores e vendedores concordam com um preço. Uma companhia de extração de petróleo, por exemplo, concorda em fornecer óleo bruto para uma refinaria de petróleo por uma certa quantia por barril. Mas, diferentemente de um mercado de rua onde um comprador paga pelos bens e os leva para casa, o petróleo não está lá para o comprador usar de imediato. Ele pode estar em outro país, ou nem mesmo ter sido extraído. Tampouco nenhum dinheiro troca de mãos nesse momento. O comprador simplesmente promete pagar o preço acordado por uma certa quantidade de petróleo numa data combinada no futuro, e o vendedor promete fornecer a quantidade àquele preço. O acordo que eles fazem é conhecido como "contrato futuro". Como a data de conclusão do negócio pode estar a meses dali, tanto o comprador quanto o vendedor estão apostando no preço futuro do petróleo, quer ele suba ou caia. Antes que o óleo seja entregue e pago, o contrato para fornecer o petróleo, ou para comprá-lo, pode ser vendido para outro vendedor ou comprador. O comprador concorda em comprar de quem quer que tenha o contrato de fornecimento, e o vendedor se compromete a fornecer o petróleo para quem quer que tenha o contrato de compra. Os dois lados do contrato futuro podem mudar muitas vezes entre o acordo original e sua data final.

> O valor dos derivativos costuma ser maior do que o valor dos bens comercializados.

Promessas, promessas

Assim como com qualquer coisa que pode ser comprada e vendida, os contratos futuros são comercializados no que é conhecido como "mercado futuro". Não são as commodities que estão sendo vendidas ou compradas, mas uma promessa de fornecê-las ou de pagar por elas. Essas promessas derivam seu valor das commodities e são chamadas de "derivativos".

Negociantes dos mercados de câmbio também fazem contratos futuros concordando em comprar ou vender moedas a uma determinada taxa de câmbio numa data específica, e esses contratos também podem ser comercializados. Os derivativos

QUANDO UM COMPRADOR E UM VENDEDOR CONCORDAM COM OS TERMOS DE UMA TRANSAÇÃO FUTURA.

> **DERIVATIVOS SÃO ARMAS FINANCEIRAS DE DESTRUIÇÃO EM MASSA.**
> WARREN BUFFETT, MAGNATA E INVESTIDOR NORTE-AMERICANO

Mercados e comércio

reserva?

AMBOS ESTÃO TENTANDO PREVER QUAL SERÁ O PREÇO DE FATO.

> ... **NINGUÉM ENTENDE** AS OBRIGAÇÕES DE CRÉDITO E OS DERIVATIVOS, **EXCETO** TALVEZ O SR. BUFFETT E OS **COMPUTADORES QUE OS CRIARAM.**
>
> RICHARD DOOLING, ESCRITOR NORTE-AMERICANO

podem ser feitos de qualquer coisa que é comprada ou vendida quando há um contrato entre um comprador e um vendedor.

Dedos cruzados

Mesmo os contratos entre bancos e pessoas às quais eles emprestam dinheiro são vistos como derivativos que podem ser comprados e vendidos. Assim como um contrato futuro para negociar uma commodity, o acordo de empréstimo é um contrato a ser pago numa determinada data. Então, o banco pode vender essa dívida como um "produto financeiro". Os próprios derivativos também envolvem acordos entre compradores e vendedores, que podem se tornar derivativos de derivativos, num mercado que está se tornando cada vez mais complexo. Em qualquer acordo para negociar numa data futura, ambos os lados esperam que o preço mude a seu favor ou permaneça o mesmo.

SHORT SELLING

Mesmo quando o preço cai, um negociante de derivativos pode ganhar dinheiro por meio do chamado "short selling" ou venda a descoberto. Por exemplo, ele pode pegar emprestado (não comprar) cem ações e vendê-las por R$ 10 cada, ganhando R$ 1.000. Se o preço cair para R$ 5 por ação, ele as compra de volta por R$ 500. Ele então pode devolver as ações (mais uma taxa de empréstimo) para o concessor do empréstimo e ficar com a diferença de R$ 500.

O dinheiro faz o mundo girar?

Um negócio **ARRISCADO**

OS MERCADOS TÊM ALTOS E BAIXOS, E OS PREÇOS SOBEM E CAEM CONFORME A OFERTA E A DEMANDA. É IMPOSSÍVEL TER CERTEZA DO QUE VAI ACONTECER NO FUTURO. MAS OS TRADERS DOS MERCADOS TÊM DE TOMAR DECISÕES SOBRE O QUE COMPRAR E VENDER, BASEADOS EM SUAS PREVISÕES E, EM CERTA MEDIDA, ESCOLHER QUANTO RISCO DESEJAM ASSUMIR.

Veja também: 74-75, 78-79

O que trará o amanhã?

Assim como qualquer outro aspecto da vida, toda atividade econômica envolve incerteza e risco. Se você compra ingressos para um festival de música, por exemplo, pode ser que tenha de comprá-los com meses de antecedência sem ter certeza de que a banda que você quer ver vai tocar, pois há o risco de que o tempo esteja tão ruim que o festival tenha de ser cancelado. As empresas precisam tomar decisões semelhantes quando estão planejando para o futuro. Na economia, há uma diferença entre risco e incerteza. Há algumas coisas que não têm como ser previstas, especialmente quando pensamos num futuro distante, como os avanços tecnológicos que serão alcançados daqui a cinco anos, ou uma doença que pode aparecer e destruir completamente a safra de café de um ano. O futuro é incerto, e não sabemos como essa incerteza afetará as decisões que tomamos hoje.

No linguajar comum, risco significa a possibilidade de algo ruim acontecer, mas para os economistas ele pode ser bom ou ruim.

Alto risco, baixo risco

Mas há coisas que podemos prever com alguma confiança, especialmente no futuro próximo. Por exemplo, se uma cafeteria tem alguns clientes regulares e o número vem aumentando constantemente, eles provavelmente continuarão aumentando no futuro próximo. E uma companhia que fabrica roupas de inverno sabe que todo ano as vendas começam a aumentar no fim do verão, então elas provavelmente aumentarão de novo este ano. O risco de algo diferente acontecer em ambos os casos é baixo. Mas os planos de uma empresa podem envolver um alto nível de risco. Uma companhia pode decidir, por exemplo, apostar na ideia de alto risco de produzir uma série de capas de chuva na primavera, apesar das previsões de um verão quente e seco. Se o clima se comportar de acordo com as previsões, a companhia terá perdido o dinheiro que poderia ter ganho vendendo roupa de banho, mas, se o verão for úmido, ela será a única fornecedora de roupas apropriadas e ganhará muito mais dinheiro. Então, quando uma

MERCADO DE TOURO E DE URSO

Nos mercados de ações e títulos, alguém que prevê que os preços vão subir às vezes é descrito como um "touro". O oposto disso – alguém que prevê que os preços vão cair – é conhecido como um "urso". Então, um mercado de touro é aquele no qual os preços estão subindo constantemente, e um mercado de urso é aquele no qual os preços estão caindo.

Mercados e negócios

> **VOU CONTAR O SEGREDO PARA FICAR RICO EM WALL STREET. TENTE SER GANANCIOSO QUANDO OS OUTROS TÊM MEDO. E TENTE SER MEDROSO QUANDO OS OUTROS TÊM GANÂNCIA.**
>
> **WARREN BUFFETT**

empresa está planejando lançar um produto, ou comprar suprimentos para a próxima estação, ela olha para as tendências do mercado para avaliar quanto risco está assumindo. Da mesma forma, aqueles que investem nas empresas também examinam o histórico da companhia, se suas vendas estão aumentando e os preços subindo, para ver se compram ações ou não.

Veja também: 86-87, 142-143

Sentindo confiança

Para traders de qualquer mercado, a informação sobre o passado é uma ferramenta crucial para prever o futuro. É um guia para medir quanto risco está envolvido ao tomar as decisões sobre comprar e vender. Há muitos fatores que afetam as tendências futuras do mercado, então calcular o grau de risco pode ser complexo. Isso pode envolver até fórmulas matemáticas e modelos de computação. Mas os métodos mais sofisticados não podem levar em consideração todas as possibilidades, e não se pode confiar totalmente em suas previsões. Com frequência, as decisões econômicas são baseadas muito mais em palpites do que em cálculos complicados. Traders experientes desenvolvem uma "intuição" em relação ao mercado em que trabalham e guiam-se pela confiança que sentem em relação a um negócio a partir da experiência passada e do comportamento de outros traders. Na bolsa de valores, o preço das ações de uma companhia depende tanto da confiança que as pessoas têm nela quanto do seu desempenho de fato.

Quais são as chances?

Embora não possamos prever o resultado de nossas decisões econômicas, podemos calcular as probabilidades. Os resultados menos prováveis oferecem as melhores recompensas.

QUANTO MAIOR O RISCO, MAIOR O LUCRO.

O dinheiro faz o mundo girar?

Veja também: 50-51

Uma APOSTA

O MUNDO DOS MERCADOS FINANCEIROS, NO QUAL PRODUTOS FINANCEIROS CHAMADOS "TÍTULOS" SÃO COMERCIALIZADOS, É COMO UM CASSINO. COMPRADORES E VENDEDORES APOSTAM NO VALOR FUTURO DESSES PRODUTOS. ALGUMAS APOSTAS SÃO MAIS SEGURAS, E OUTRAS MAIS ARRISCADAS. OS TRADERS TÊM MANEIRAS SOFISTICADAS DE CALCULAR AS PROBABILIDADES PARA GANHAR DINHEIRO, NA ESPERANÇA DE MINIMIZAR O RISCO.

O que são produtos financeiros?

Como em qualquer outro mercado, as atividades dos mercados financeiros envolvem transações entre compradores e vendedores. Mas é a natureza dos produtos financeiros comercializados que pode torná--los difíceis de entender. Para começar, não há produtos que possam ser vistos ou tocados, mas coisas intangíveis como ações de uma companhia ou títulos emitidos por governos. Além disso, os compradores recebem apenas um documento como prova de que possuem aquilo que compraram, como um título ou um certificado de ação. Esses documentos são conhecidos como instrumentos financeiros e representam o acordo feito entre o comprador e o vendedor.

O termo "momento Minsky" foi usado pela primeira vez para descrever o começo da crise financeira russa de 1998.

Seguro e confiável?

Falando em termos gerais, há três tipos de produtos financeiros, ou "títulos", que são comercializados. Alguns estão na forma de ações de companhias. As companhias vendem ações por meio dos mercados de ações para levantar dinheiro. Uma pessoa que compra ações se torna efetivamente dona de parte da companhia, e o valor dessa participação depende de quanto a companhia tem de lucro. Existem também os "títulos de dívida", que incluem títulos emitidos por corporações e governos. O comprador desses títulos está na verdade emprestando dinheiro para quem o emite, não comprando uma parte de seu negócio, e o título é uma garantia de que o empréstimo será pago numa determinada data com uma certa quantia de juros. Instrumentos financeiros mais complexos, como contratos de futuros e outros derivativos (ver pp. 78-79), também são comercializados nos mercados financeiros.

Qual é o risco?

É claro, o valor desses títulos e ações pode subir ou cair como o de qualquer outro produto comercializado num mercado. Alguns deles, como ações de uma companhia grande e bem--estabelecida, costumam ser apostas seguras, trazendo a seus donos um retorno razoável para seu dinheiro. Mas — e aí está a aposta — comprar títulos ou ações de maior risco pode trazer um lucro maior.

MOMENTO MINSKY

O economista norte-americano Hyman Minsky argumentou que períodos de estabilidade econômica levam a um excesso de confiança, em que os traders assumem maiores riscos na crença de que os preços continuarão subindo. Inevitavelmente, chega o "momento Minsky", em que a confiança nesses investimentos se mostra infundada, os empréstimos não são pagos e há uma crise financeira.

consciente

A PRÁTICA DA ENGENHARIA FINANCEIRA VEIO JUNTO COM DOSES ENORMES DE PSEUDOCIÊNCIA.

NASSIM NICHOLAS, AUTOR DE *FOOLED BY RANDOMNESS*

Avanços na tecnologia da informação permitiram aos traders dos mercados financeiros encontrar novas formas de calcular o risco ao comprar títulos e ações. Eles já empregaram analistas financeiros com formação em matemática ou física em vez de economia. Seu objetivo é superar o sistema e encontrar formas de fazer lucro sem risco. Os analistas criaram novos produtos financeiros, como derivativos ou títulos de dívida. Esses podem incluir títulos de bancos que fazem empréstimos para companhias sem reputação estabelecida ou para indivíduos cujo emprego pode estar em risco. Como quem recebeu o empréstimo pode não pagá-lo, o título é considerado de risco para o banco. Mas, se eles colocam esses empréstimos junto com outros mais confiáveis, podem vendê-los num "pacote" como títulos de dívida. Os traders podem fazer

produtos financeiros ainda mais complexos juntando vários pacotes e vendendo partes deles.

Perigo escondido

Essa "engenharia financeira" pode parecer quase livre de risco, e, a menos que um número substancial de dívidas não seja pago, a aposta deve recompensar. Infelizmente, os traders, que com frequência não têm a capacidade matemática dos analistas, tendem a se tornar confiantes demais e subestimar os riscos – da mesma forma que um apostador perde a cautela depois de algumas vitórias. E os credores, encorajados pela facilidade com que podem vender suas dívidas, oferecem empréstimos ainda mais arriscados.

Veja também: 90-91, 126-127

◆ Diversificando as apostas
O alto risco de alguns investimentos pode ser escondido se eles forem incluídos em um pacote de opções mais seguras, tais como títulos do governo.

COMERCIALIZAR PRODUTOS FINANCEIROS É UMA APOSTA EM SEU VALOR FUTURO.

AÇÕES

EMPRÉSTIMOS

TÍTULOS

SECURITIES

EM FOCO

HIPERINFLAÇÃO

UMA CRISE, ASSIM COMO UMA GUERRA, PODE ÀS VEZES DESENCADEAR UMA ESPIRAL DE HIPERINFLAÇÃO EM UM PAÍS, QUANDO OS PREÇOS SOBEM EM PORCENTAGENS NA CASA DAS CENTENAS OU DOS MILHARES POR ANO. A MOEDA LOGO SE TORNA DESVALORIZADA À MEDIDA QUE AS PESSOAS CORREM PARA GASTAR DINHEIRO ANTES QUE ELE PERCA SEU VALOR. A HIPERINFLAÇÃO COSTUMA DISPARAR DEPOIS QUE O GOVERNO IMPRIME DINHEIRO PARA COMPENSAR UMA QUEDA NA RECEITA OU NAS RESERVAS.

O DESASTRE DE WEIMAR

De 1921 a 1924, a República de Weimar (atual Alemanha) sofreu uma hiperinflação catastrófica. Depois de pagar grandes quantias de ouro em restituição por danos de guerra, o governo de Weimar começou a imprimir dinheiro em grande escala para manter o consumo. Como resultado, o valor da moeda (o marco) caiu, e os preços subiram violentamente. Em 1923, a inflação chegou a 30.000% ao mês, com os preços dobrando a cada dois dias.

> **"A inflação** é violenta como um assaltante, assustadora como um ladrão armado e **letal** como **um atirador."**

RONALD REAGAN, PRESIDENTE DOS EUA 1981–1989

NOTAS ALTAS

000.000.000.000.000

A hiperinflação significa que os preços sobem astronomicamente, e os governos tentam acompanhar o ritmo imprimindo notas de valores cada vez mais altos. Na Alemanha de Weimar, em 1922, a nota de maior valor era de 50 mil marcos; no ano seguinte, era de 100 trilhões. Notas de menor denominação ficaram tão desvalorizadas que era mais barato usá-las na parede do que comprar papel de parede.

Em 2015, eram necessários 35 quadrilhões de dólares do Zimbábue para comprar um dólar norte--americano!

Mercados e comércio

Carrinhos de mão de dinheiro

Após um período de mudança e incerteza, o governo pode imprimir mais dinheiro na tentativa de estimular o consumo. Infelizmente, isso pode levar à hiperinflação e elevar os preços, que aumentam a uma taxa alarmante.

AS VÍTIMAS

Os mais atingidos pela hiperinflação são os menos abastados. Os ricos sobrevivem comprando moeda estrangeira, e, na Alemanha de Weimar, os trabalhadores sindicalizados conseguiram pressionar por salários mais altos que acompanhassem os preços. Mas o resto – como trabalhadores rurais e de escritórios – viu seu salário ficar bem atrás dos preços inflados. Para aqueles que viviam de economias e pensões, a queda de poder aquisitivo foi catastrófica.

ZIMBÁBUE

Por uma década, a partir do final dos anos 1990, o Zimbábue sofreu o que talvez tenha sido o pior período de hiperinflação já visto. Começou pouco depois que fazendas privadas foram confiscadas, e o governo começou a imprimir dinheiro para compensar a queda na produção. Rapidamente, os preços nas lojas começaram a mudar várias vezes ao dia e as notas ficaram tão desvalorizadas que as pessoas levavam seu dinheiro ao mercado em carrinhos de mão. Em novembro de 2008, a inflação chegou a um pico extraordinário de 79,6 bilhões por cento.

O dinheiro faz o mundo girar?

A ganância é BOA?

AO DESCREVER COMO OS MERCADOS FUNCIONAM, O ECONOMISTA ADAM SMITH AFIRMOU QUE "NÃO É DA BENEVOLÊNCIA DO AÇOUGUEIRO, DO CERVEJEIRO OU DO PADEIRO QUE ESPERAMOS NOSSO JANTAR, MAS SIM DE SUA AÇÃO EM BENEFÍCIO PRÓPRIO". ENTÃO, SE TODO MUNDO AGIR EM BENEFÍCIO PRÓPRIO, TODOS NÓS PODEMOS NOS BENEFICIAR. MAS SERÁ QUE NÃO TEM PROBLEMA SER EGOÍSTA?

> O PROBLEMA DA ORGANIZAÇÃO SOCIAL É COMO OBTER UM ARRANJO NO QUAL A GANÂNCIA CAUSE MENOS DANO. O CAPITALISMO É ESSE TIPO DE SISTEMA.
> MILTON FRIEDMAN

É ERRADO SER EGOÍSTA... OU TODO MUNDO SE BENEFICIA NO FINAL?

Tudo para mim

Quando decidimos quais bens e serviços vamos comprar e qual o preço que estamos dispostos a pagar, tentamos conseguir o melhor negócio para nós. Seria tolice não tentar. E os produtores não estão produzindo esses bens e serviços apenas para o nosso benefício, mas para obter lucro, e eles também tentarão conseguir o melhor preço que puderem. Todo mundo no mercado está agindo em benefício próprio. O resultado, argumentam os economistas que acreditam em mercados livres, é que todos se beneficiam. Os produtores vendem seus bens e obtêm lucro, e os compradores pagam um preço justo pelas coisas que querem e das quais necessitam. No mercado, a concorrência com outros que estão protegendo seus próprios interesses estimula a produtividade e a inovação, resultando em produtos novos e melhores a preços mais baixos. O benefício próprio, argumentam os economistas, é portanto uma coisa boa.

em ter o suficiente para satisfazer suas necessidades, as pessoas são facilmente tentadas a conseguir mais, sem considerar as necessidades e desejos das outras. Empresas e consumidores gananciosos tentam ganhar mais do que é justo, tornando-se ricos à custa dos outros. Talvez essa injustiça seja inevitável em um mercado livre. Ele encoraja as pessoas a agir em seu próprio benefício e competir umas com as outras para

Uma fatia maior

Mas a maioria das pessoas não tem uma visão tão romântica da forma como os mercados funcionam. Em vez de apenas agirem em benefício próprio, muitas empresas são vistas como gananciosas e agressivas. Não contentes

Veja também: 46-47, 54-55

Mercados e comércio

conseguir o melhor negócio para si mesmas. Em certa medida, as empresas mais egoístas serão as mais bem-sucedidas. A ganância, ao que parece, é boa para os negócios.

Não dá para ter certeza

Mas isso pode não ser tão bom para a sociedade como um todo. Fora a questão moral da ganância (se é certa ou errada) ela tem alguns efeitos negativos sobre a economia. Empresas gananciosas podem ficar mais ricas e poderosas expulsando suas concorrentes do mercado e formando monopólios, que dominam o mercado. Os consumidores podem perder se os produtores priorizarem o lucro em vez da qualidade de seus produtos. E as companhias podem falir se os administradores assumirem riscos desnecessários para obter lucro rapidamente. Além disso, se algumas pessoas estão ganhando dinheiro à custa de outras, isso não é apenas moralmente questionável, mas também cria uma maior desigualdade, que a longo prazo é ruim para a economia. O maior problema é que o benefício próprio pode encorajar as empresas a produzir bens e serviços que causem danos ao meio ambiente, com consequências terríveis para todos nós. Por esses motivos, os governos costumam regular as empresas e os mercados para garantir que eles sejam conduzidos em benefício dos consumidores e da sociedade como um todo, não só em benefício das empresas. Muitos economistas socialistas acreditam que os mercados competitivos são o problema, e a ganância é apenas um sintoma. Karl Marx afirmou que eles deveriam ser abandonados e substituídos por indústrias de propriedade do povo e administradas por ele. Outros foram menos extremos, defendendo cooperativas que são de propriedade de seus membros e administradas por eles, os trabalhadores e consumidores dessas empresas, em benefício mútuo.

> SEMPRE **SOUBEMOS** QUE ESSE **EGOÍSMO** NEGLIGENTE ERA UMA **MÁ MORAL.** AGORA SABEMOS QUE **É MÁ ECONOMIA.**
>
> FRANKLIN D. ROOSEVELT, EX-PRESIDENTE DOS EUA

Gordon Gekko, herói do filme *Wall Street*, diz que "a ganância... é boa. A ganância está certa, a ganância funciona".

Santo ou pecador?
Um empresário rico pode ser considerado egoísta, mas é possível que ele produza bens ou serviços valiosos – ofereça empregos bem-pagos e ainda assim seja bem-sucedido.

INSIDER TRADING
No mercado de ações, um trader pode conseguir informações sigilosas sobre uma companhia, desconhecidas por seus clientes, que afetarão o preço das ações dessa companhia. Ele pode vender suas ações antes que o valor caia, ou comprar ações se souber que o valor vai subir. Contudo, esse tipo de negociação com informações privilegiadas, chamada "insider trading", é ilegal em muitos países.

O dinheiro faz o mundo girar?

Tomando a

Veja também: 80-81, 82-83

MUITAS TEORIAS ECONÔMICAS SÃO BASEADAS EM COMO AS COISAS FUNCIONARIAM NUM MUNDO IDEAL, E NÃO EM COMO ELAS FUNCIONAM NA PRÁTICA. MAS O NOVO CAMPO DA ECONOMIA COMPORTAMENTAL ESTUDA A FORMA COMO AS DECISÕES ECONÔMICAS SÃO TOMADAS NO MUNDO REAL. NA VERDADE, ELE EXAMINA TANTO O COMPORTAMENTO HUMANO QUANTO A ECONOMIA.

"MEU PALPITE É QUE VAI DAR CERTO"
"PARECE UM BOM INVESTIMENTO"
"É IMPOSSÍVEL FRACASSAR"
"TENHO UM BOM PRESSENTIMENTO"
"VAI FICAR TUDO BEM"
"DA ÚLTIMA VEZ DEU CERTO"
"ALGUÉM ME FALOU QUE ISSO FOI BEM-RECOMENDADO"

MUITAS TEORIAS ECONÔMICAS PARTEM DA PREMISSA DE QUE AS DECISÕES SÃO TOMADAS RACIONALMENTE...

Homem econômico

Uma das premissas frequentes das teorias econômicas é de que as pessoas que tomam decisões econômicas pensam racionalmente sobre elas e pesam os prós e os contras. As teorias são baseadas numa espécie de "homem econômico" ideal, que representa a forma como todos nós agimos quando decidimos comprar ou vender alguma coisa, ou economizar ou investir nosso dinheiro. Esse homem econômico ideal também tem acesso a todas as informações necessárias, que ele pode usar para tomar uma decisão de forma lógica. Mas, é claro, essa pessoa ideal não existe, e as pessoas reais não se comportam de uma forma puramente racional e calculista. Em vez de dizerem que devemos tomar decisões de uma certa forma, alguns economistas tentaram descobrir como nós de fato as tomamos.

Bom o bastante

Um pioneiro neste campo da economia behaviorista foi o cientista político norte-americano Herbert Simon. Ele introduziu ideias da psicologia, da sociologia e da ciência da computação em seu estudo de economia na segunda metade do século 20. Simon observou que, diante de um problema ou uma escolha econômica, as pessoas nem sempre tomam decisões de uma forma lógica, levando em conta todas as possibilidades. Não é que não nos comportemos racionalmente, mas sim que temos o que Simon chamou de "racionalidade limitada". Um dos problemas, ele sugeriu, é que normalmente há coisas demais para pensar e os problemas econômicos envolvem muitas variáveis. Além disso, seres humanos comuns não têm a mente de um computador para

DANIEL KAHNEMAN (1934–)
Mais psicólogo que economista, Daniel Kahneman foi covencedor do Prêmio Nobel de Ciências Econômicas em 2002 por seu trabalho sobre a tomada de decisão. Ele nasceu em Tel Aviv, mas cresceu em Paris. Em 1948, no novo Estado de Israel, ele estudou psicologia e foi trabalhar em universidades em Israel e nos EUA com seu colega de longa data Amos Tversky.

decisão **CERTA**

> **DEPOIS DE VER UMA LONGA SÉRIE DE VERMELHO SAIR NA ROLETA, A MAIORIA DAS PESSOAS ACREDITA EQUIVOCADAMENTE QUE É A VEZ DO PRETO.**
>
> **DANIEL KAHNEMAN & AMOS TVERSKY**

Tomando uma decisão ⊙

Quando estamos diante de uma decisão, geralmente agimos usando a intuição em vez do pensamento racional, porque é mais rápido e mais fácil e, com frequência, nos dá o resultado que queremos.

processar todas essas informações de uma maneira lógica. Em vez disso, usamos algumas regras gerais, ou "heurísticas". Embora não seja uma solução ideal, isso permite que tomemos decisões que são "suficientemente boas".

... MAS RARAMENTE LEVAMOS EM CONTA AS PROBABILIDADES REAIS ENVOLVIDAS.

Caindo na real

O trabalho de Simon mostrou as ligações entre a economia e a psicologia, e dois psicólogos, Daniel Kahneman e Amos Tversky, desenvolveram ainda mais essas ideias. Seus estudos foram originalmente sobre a tomada de decisão em geral, mas são particularmente relevantes para a forma como tomamos decisões econômicas. Como Simon, eles descobriram que tendemos a basear nossas decisões em informações incompletas, tais como nossa experiência pessoal ou algo que ouvimos dizer, em vez de examinar todas as opções. Como queremos tomar decisões rapidamente sem pensar muito, com frequência partimos de premissas falsas ou de como gostaríamos que as coisas fossem, ou agimos por intuição e palpites. E às vezes nosso pensamento está simplesmente errado. Um exemplo é a "falácia do apostador": se você joga uma moeda e dá coroa dez vezes seguidas, muitas pessoas pensam que é mais provável que dê cara da próxima vez, mas na verdade a probabilidade

> Diante de uma escolha de três itens similares a preços diferentes, tendemos a optar pelo de preço intermediário, não pelo mais barato.

continua sendo de 50%, não importa o que tenha acontecido no passado. E, com um pouco de raciocínio, saberíamos que isso é verdade. Kahneman explica que podemos pensar racionalmente, mas é mais rápido e mais fácil tomar decisões intuitiva ou emocionalmente. A partir da pesquisa em economia behaviorista, os economistas estão percebendo que as teorias baseadas no comportamento perfeitamente racional do "homem econômico" e os cálculos e modelos de computador das análises econômicas não mostram um retrato verdadeiro de como a economia funciona no mundo real.

Veja também: 132-133, 142-143

EM FOCO

CRISE FINANCEIRA DE 2007-2008

EM SETEMBRO DE 2008, PARA A SURPRESA DE TODOS, O GIGANTE BANCO DE INVESTIMENTOS LEHMAN BROTHERS FALIU. O COLAPSO MARCOU O COMEÇO DO QUE MUITOS ECONOMISTAS CONSIDERAM A PIOR CRISE FINANCEIRA DESDE A GRANDE DEPRESSÃO DOS ANOS 1930. MUITOS OUTROS BANCOS SÓ FORAM SALVOS DA FALÊNCIA POR GRANDES FINANCIAMENTOS DO GOVERNO. MUITAS PESSOAS PERDERAM SUAS CASAS E EMPREGOS, E, POR UM ANO, OS MERCADOS DO MUNDO TODO PARARAM.

RAIZ DA CRISE

Poucos economistas concordam sobre as causas da crise. Mas um dos gatilhos foi o colapso das "hipotecas subprime" nos EUA. Elas eram empréstimos imobiliários concedidos a pessoas com um histórico de crédito ruim. Pacotes dessas hipotecas foram passados para "engenheiros" financeiros dos grandes bancos, que as juntavam para financiar empréstimos entre bancos. O problema se deu quando algumas pessoas não conseguiram pagar suas hipotecas, e esses empréstimos entre bancos ruíram como um castelo de cartas.

PACOTES DE DÍVIDA

Muitos acreditam que, depois que os bancos foram desregulados (quando várias regras foram atenuadas) nos anos 1980, eles se entusiasmaram com a "engenharia financeira". Os bancos criaram esquemas elaborados e arriscados para ganhar dinheiro comprando e vendendo coisas como títulos de empréstimos e geraram complexas cadeias de dívidas.
Na verdade, eles apostaram grandes somas de dinheiro sem ter as reservas para cobrir as perdas. Logo após a crise, muitos casos de má administração financeira vieram à tona.

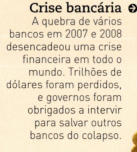

Crise bancária ➜
A quebra de vários bancos em 2007 e 2008 desencadeou uma crise financeira em todo o mundo. Trilhões de dólares foram perdidos, e governos foram obrigados a intervir para salvar outros bancos do colapso.

Mercados e comércio

GRANDE DEMAIS PARA FALIR

Diante do colapso de grandes bancos, os governos intervieram. Se esses bancos grandes falissem, milhões de correntistas comuns enfrentariam a ruína financeira. Os bancos foram considerados "grandes demais para falir" sem consequências desastrosas. Mas as dívidas que eles haviam contraído eram gigantescas. Só nos EUA, o resgate dos bancos custou cerca de US$ 16,8 trilhões – um terço do PIB (produto interno bruto). Alguns acreditam que o governo deveria ter deixado os bancos falirem.

GRANDE RECESSÃO

A crise financeira de 2007-2008 levou à Grande Recessão, um período de crescimento econômico estagnado em todo o mundo. Nem todos os países foram afetados da mesma forma, mas a queda levou a uma redução do PIB mundial em 2009 pela primeira vez desde a Segunda Guerra Mundial. Preocupados com o crescimento da dívida nacional, muitos governos cortaram gastos através de políticas de "austeridade". Alguns economistas argumentam que esta tática pode piorar as coisas.

No primeiro semestre de 2008, a economia estava aquecida no Brasil. Nos três meses finais do ano, a produção industrial do país caiu cerca de 20%.

> "O que sabemos sobre a **crise financeira** global é que **não sabemos** muita coisa."
>
> PAUL SAMUELSON, VENCEDOR DO PRÊMIO NOBEL DE CIÊNCIAS ECONÔMICAS EM 1970

O dinheiro faz o mundo girar?

Veja também: 34-35, 76-77

O custo para

AO LONGO DOS DOIS ÚLTIMOS SÉCULOS, A INDÚSTRIA TORNOU MUITOS PAÍSES MAIS RICOS DO QUE NUNCA. PAÍSES INDUSTRIALIZADOS TIVERAM CRESCIMENTO ECONÔMICO CONTÍNUO E MELHORIA NOS PADRÕES DE VIDA. MAS ESSA PROSPERIDADE TEM UM CUSTO EM TERMOS DE DANOS AO PLANETA. E É UM CUSTO QUE PRECISAMOS COMEÇAR A PAGAR AGORA.

Previsões calamitosas

Quando as primeiras indústrias modernas foram estabelecidas no final do século 18 (ver pp. 42-43), parecia que não havia limites para as coisas que elas poderiam produzir. Havia uma oferta aparentemente infinita de recursos naturais como carvão e ferro para as novas indústrias, e até as fazendas se tornaram mais produtivas com o aumento da mecanização. À medida que as sociedades se tornaram mais ricas, passaram a consumir mais, e a indústria satisfazia a demanda fornecendo mais bens. Não havia motivo para acreditar que essa melhoria contínua dos padrões de vida um dia terminaria. No entanto, mesmo naquela época, alguns economistas tinham dúvidas. Robert Malthus, por exemplo, alertou que as populações também estavam crescendo e que um dia seu ritmo de consumo poderia ultrapassar a oferta. Durante os séculos 19 e 20, seus alertas pareciam pessimistas, mas no século 21 a população mundial cresceu drasticamente, aumentando a demanda por recursos essenciais. Também ficou mais claro que vivemos num planeta com recursos finitos e temos de reduzir nosso consumo. Há um limite para a quantidade de terra que pode ser usada para produzir alimentos, por exemplo, e para o fornecimento de água doce. Mas não consumimos apenas alimentos. Nossos estilos de vida criaram uma demanda por bens manufaturados, energia e transporte que coloca pressão sobre o fornecimento de recursos como carvão, gás, petróleo e minérios que não são renováveis.

> A população do mundo aumentou em 1 bilhão de pessoas, para 7,3 bilhões, nos 12 anos entre 2003 e 2015.

Qual é o dano?

A industrialização também está causando danos ao meio ambiente. Exemplos óbvios são as fábricas que soltam fumaça e os caminhões a diesel que arruínam a qualidade do ar nas cidades, mas há outros problemas graves. Emissões de gases de efeito estufa, como o CO_2, causam o aquecimento global. Ele está causando mudanças no clima que ameaçam a produção de alimentos, além de levar a condições climáticas extremas e ao aumento do nível do mar, que estão destruindo propriedades e empresas. A indústria também afeta a produção agrícola de outras formas. A

AÇÃO COLETIVA
Os problemas de poluição, mudança climática e esgotamento de recursos não estão limitados a determinados países e não reconhecem fronteiras nacionais. As soluções precisam ser econômicas, mas é preciso vontade política para implementá-las. Medidas para reduzir o consumo e regular as indústrias devem ser adotadas globalmente, então é essencial que haja cooperação internacional.

Mercados e comércio

a TERRA

A CHAVE PARA ENTENDER O FUTURO É UMA PALAVRA: SUSTENTABILIDADE

PATRICK DIXON, ANALISTA DE TENDÊNCIAS BRITÂNICO

OS RECURSOS FINITOS DE NOSSO PLANETA ESTÃO DIMINUINDO À MEDIDA QUE NOSSO RITMO DE CONSUMO AUMENTA.

Um mundo finito
A Terra tem recursos finitos, e, à medida que nossas economias e populações crescem, nós consumimos mais. A menos que aprendamos a consumir menos, esses recursos se tornarão mais escassos e cada vez mais custosos.

Veja também: 104-105, 112-113

poluição envenena a terra, os rios e os mares, e terras cultiváveis são utilizadas por indústrias manufatureiras ou de extração de recursos minerais. Tentativas de aumentar a produção agrícola por meio do desmatamento de vastas áreas de floresta, do uso de herbicidas e pesticidas e do desenvolvimento de alimentos geneticamente modificados podem afetar o equilíbrio dos ecossistemas. O custo dos danos das indústrias ao meio ambiente já é imenso, e, a menos que as coisas mudem, isso colocará um fim à era industrial e à sua prosperidade sempre crescente. Esta é tanto uma questão econômica quanto científica e precisa de medidas econômicas e científicas para ser resolvida.

Punir os poluidores

Medidas econômicas poderiam incluir a cobrança de mais impostos de companhias poluidoras. Impostos sobre gases de efeito estufa ou sobre o lixo tóxico forçariam as indústrias a encontrar métodos mais limpos de produção, enquanto daria aos governos dinheiro para lidar com os problemas causados pela poluição. Os governos também podem impor limites sobre as emissões e punir as indústrias que excedem sua quota. Num sistema de mercado de emissões, companhias não poluidoras podem vender sua quota para outras companhias, de forma que as indústrias mais limpas sejam recompensadas enquanto as poluidoras pagam mais.

O dinheiro faz o mundo girar?

Mercados e comércio
NA PRÁTICA

APOSTA SEGURA

Quando as pessoas investem em ações ou outros produtos financeiros, elas visam obter lucro. Mas os mercados estão mudando constantemente, então o valor de seu investimento pode aumentar ou diminuir. Algumas pessoas podem escolher obter menos lucro e optar por um investimento mais seguro, como títulos do governo ou cadernetas de poupança.

SOBE E DESCE

Enquanto muitos países pobres lutam para sobreviver, alguns estão se desenvolvendo rapidamente com um crescimento econômico sem precedentes, e outros países desenvolvidos mais antigos estão até mesmo em declínio. Nada é certo na economia e pode ser que daqui a cem anos novas potências econômicas tenham substituído os EUA, a Europa e o Japão.

PREVISÕES ECONÔMICAS

Muitas decisões econômicas envolvem prever o que acontecerá no futuro, se os preços vão subir ou cair. Os economistas hoje utilizam complexos modelos de computação e algoritmos para fazer suas previsões, mas mesmo esses recursos não levam em conta a incerteza natural, como o clima, e o fato de que as pessoas se comportam de forma imprevisível.

CONTRABANDEAR RIQUEZAS

A maioria dos países tem restrições sobre o que pode ou não pode ser importado. Pode haver impostos sobre certos bens, como tabaco e álcool, e outros, como armas e drogas pesadas, podem ser proibidos. Mas sempre existe demanda por esses bens, e, como resultado, contrabandeá-los para o país pode ser muito lucrativo.

Mercados e comércio

CUSTO DO TRANSPORTE

O comércio global tornou alguns países ricos, enquanto os países pobres também se beneficiam por exportar bens. A demanda por produtos baratos cresceu – junto com o aumento das viagens internacionais – de forma que o transporte é hoje um grande setor. Isso tem um custo para o meio ambiente, uma vez que o transporte aéreo, principalmente, emite grandes quantidades de gases de efeito estufa que causam o aquecimento global.

RENDA MÍNIMA

Alguns economistas, como Milton Friedman, argumentam que o sistema de impostos deveria dar dinheiro às pessoas de baixa renda. Uma "taxa de imposto de renda negativo" substituiria os pagamentos de benefícios sociais, garantindo que todos tenham uma renda mínima garantida. Qualquer um que ganhe mais pagaria uma proporção maior no imposto de renda.

Os países do mundo desenvolvido enriqueceram por meio do comércio das empresas no mercado, e o investimento incentivou as economias a crescer. Para ajudar a distribuir essa riqueza, os governos fazem leis e cobram impostos. Mas, no século 21, as empresas podem enfrentar mais restrições para limitar seus danos ambientais.

PROTEGER AS PESSOAS

Algumas restrições sobre os mercados livres não existem por motivos puramente econômicos, mas para proteger as pessoas. Além de leis que protegem os consumidores de produtos nocivos, na maioria dos países há leis sobre as condições de trabalho, para impedir que as empresas explorem os trabalhadores em fábricas clandestinas – onde eles recebem salários baixos por longas horas de trabalho – ou usem trabalho escravo ou infantil.

PEGADA DE CARBONO

A industrialização trouxe prosperidade, mas cada um de nós está deixando uma "pegada de carbono" – a quantidade de dióxido de carbono liberada na atmosfera como resultado de nossas ações. Para limitar os danos, algumas pessoas defendem que devemos inventar tecnologias para lidar com a poluição, outras dizem que devemos parar de usar combustíveis fósseis e encontrar novas fontes de energia.

Dinheiro pode comprar **FELICIDADE?**

Medindo a RIQUEZA de um país

Quem fornece o DINHEIRO?

Criando DINHEIRO do nada

Por que alguns países são POBRES?

O padrão de vida em muitos países está mais alto do que nunca. A riqueza trazida pela indústria moderna e pela tecnologia significa que muitos têm mais do que precisam, mas ao mesmo tempo bilhões de pessoas estão vivendo na pobreza. Um dos problemas com os quais os economistas estão lidando é como distribuir a riqueza de forma mais justa, ajudando os países mais pobres a se desenvolver e incentivando o crescimento econômico.

Quem se beneficia com a GLOBALIZAÇÃO?

O problema da POBREZA

Ajudando o MUNDO EM DESENVOLVIMENTO

Hora de acertar as CONTAS

Desigualdade de RENDA

Medindo a **RIQUEZA** de um país

HÁ QUASE DUZENTOS PAÍSES NO MUNDO. ALGUNS TÊM UM GRANDE TERRITÓRIO E POPULAÇÕES GIGANTESCAS, ENQUANTO OUTROS SÃO PEQUENOS E ESPARSAMENTE POVOADOS. NOS PAÍSES RICOS, ALGUMAS PESSOAS TÊM UM ALTO PADRÃO DE VIDA, MAS NOS PAÍSES POBRES A MAIORIA VIVE NA POBREZA. OS ECONOMISTAS TENTAM MEDIR A RENDA DOS PAÍSES PARA VER QUÃO RICOS OU POBRES ELES SÃO.

Chegando a um número

Há muitos motivos pelos quais é útil medir a riqueza de um país. Nós precisamos saber quais países são muito pobres e podem precisar da ajuda dos países mais ricos. Também é importante ter uma ideia do padrão de vida em cada país – se as pessoas lá têm o suficiente para viver. Também é útil saber se um país está ficando mais rico, ou mais pobre, ao longo do tempo. É relativamente fácil medir a riqueza de uma pessoa. Podemos ver quanto dinheiro ela tem no banco, o que ela possui e, mais importante, quanto ela ganha. Mas medir a riqueza de um país inteiro não é tão simples, e os economistas sugeriram diferentes formas de fazer isso. A medida geralmente

> A FELICIDADE INTERNA BRUTA É MAIS IMPORTANTE DO QUE O **PRODUTO** INTERNO BRUTO.
>
> REI JIGME SINGYE WANGCHUCK, DO BUTÃO

Quão rico é um país? ➜
O valor de todos os bens e serviços produzidos em um país nos dá uma ideia de sua renda. Mas a riqueza de um país depende de coisas como o tamanho de sua população.

Padrões de vida e desigualdade

aceita é o Produto Interno Bruto (PIB). Ele é calculado somando o valor de todos os bens e serviços produzidos dentro do país durante um ano. Como esses bens e serviços são comprados e vendidos, então o PIB nos revela sobre a atividade econômica do país e dá uma ideia de sua renda.

Uma imagem falsa

Mas isso pode não fornecer uma imagem verdadeira da riqueza dos diferentes países. Embora os EUA tenham o maior PIB de todos os países, há alguns que comparativamente estão em melhor situação. Um país como Luxemburgo, por exemplo, é uma economia muito menor em termos de PIB, mas, como sua população é muito pequena, as pessoas em Luxemburgo são muito mais ricas do que nos EUA em média. Também há países que têm um PIB relativamente alto, mas são considerados pobres por causa de suas populações gigantescas.

Uma medida mais exata da riqueza das pessoas de uma país é o PIB per capita – o valor total dos bens e serviços dividido pelo número de habitantes do país. O PIB per capita costuma ser usado para nos dar uma ideia do padrão de vida de um país em comparação com outro, mas também pode levar a equívocos, uma vez que ele só nos mostra uma média da riqueza de cada habitante. Em muitos países, a riqueza é distribuída de forma desigual, e a maioria da população pode estar vivendo na pobreza enquanto poucos privilegiados vivem no luxo. Também é complicado comparar o padrão de vida entre nações, porque o custo de vida também pode ser diferente. Para uma pessoa que vive confortavelmente na Índia, por exemplo, seria difícil sobreviver com a mesma renda na Suécia, porque as coisas são muito mais caras lá. O PIB per capita costuma ser uma medida da atividade econômica de um país durante um ano. Ao longo do tempo, esses números constroem uma imagem do crescimento do país e quanto ele está se tornando mais rico ou mais pobre.

Pagando as contas

O PIB pode nos falar sobre a renda dos países, mas, para ver como um país está indo economicamente, também devemos olhar para quanto dinheiro sai dele. Países, assim como pessoas, podem tomar dinheiro emprestado para projetos específicos e têm dívidas a pagar. E a maioria deles depende de algum comércio internacional, então é importante observar se há mais dinheiro entrando – o chamado superávit – ou mais dinheiro saindo – déficit.

Veja também: 104-105, 112-113

> Os países com as maiores economias do mundo são os EUA, a China e o Japão.

PARA COMPARAR O PADRÃO DE VIDA EM DIFERENTES PAÍSES, DEVEMOS MEDIR SUA RIQUEZA E SUA POPULAÇÃO.

MEDINDO A FELICIDADE
Costuma-se dizer que o dinheiro não pode comprar a felicidade. Em 1972, o rei do Butão afirmou que seu país podia ser pobre, mas seu povo era feliz, e argumentou que deveria haver uma medida da Felicidade Interna Bruta, além do PIB. Os economistas levaram a ideia a sério, e hoje existe um Relatório de Felicidade Mundial anual, publicado pela ONU.

Quem fornece o DINHEIRO?

AS EMPRESAS GANHAM DINHEIRO VENDENDO SEUS BENS OU SERVIÇOS. ESSA RENDA É USADA PARA PAGAR OS CUSTOS DE COISAS COMO MATÉRIA-PRIMA, MAQUINÁRIO E TRABALHADORES. MAS AS FIRMAS TAMBÉM PRECISAM LEVANTAR DINHEIRO PARA COMEÇAR UM NOVO NEGÓCIO OU COMPRAR NOVAS MÁQUINAS OU PRÉDIOS, ANTES QUE O DINHEIRO DAS VENDAS COMECE A ENTRAR.

> NÃO É O EMPREGADOR QUE PAGA OS SALÁRIOS. OS EMPREGADORES SÓ REPASSAM O DINHEIRO. É O CONSUMIDOR QUE PAGA OS SALÁRIOS.
>
> HENRY FORD, INDUSTRIALISTA NORTE-AMERICANO

Levantando fundos

Quase todas as empresas, de grandes corporações a pequenos comércios individuais, precisam levantar dinheiro em algum momento, além da receita que elas recebem a partir da venda de seus bens ou serviços. Começar um negócio do zero, por exemplo, envolve alguns custos iniciais, como comprar ferramentas e maquinário, alugar ou comprar um prédio ou veículos para transportar bens, e contratar trabalhadores. Mais tarde, uma empresa pode querer expandir, lançar um novo produto ou atualizar seu sistema de computadores. Todas essas coisas custam dinheiro, que normalmente precisa ser gasto antes que haja alguma receita das vendas.

Existem várias maneiras pelas quais uma empresa pode levantar o dinheiro de que necessita para funcionar. Ela pode pegar um empréstimo e depois pagar ao credor ao longo do tempo. Esse arranjo significa que a empresa obtém o dinheiro quando necessita dele e o paga de volta quando ganha dinheiro com as vendas. Ou, então, uma grande empresa pode se tornar uma companhia de capital aberto e vender suas ações para investidores. A vantagem disso é que não se trata de um empréstimo que a companhia tem de pagar de volta. Em vez disso, o dinheiro dos acionistas compra uma parte da propriedade da companhia, dando a alguns deles o direito de opinar sobre como a empresa é administrada e uma porcentagem dos lucros futuros.

Quem paga a conta?

Qualquer que seja a maneira pela qual uma empresa decida levantar dinheiro, por meio de empréstimo ou vendendo ações, os credores e os acionistas esperam algo em troca de seu dinheiro. A fonte mais comum de empréstimos para empresas são os bancos, que emprestam dinheiro a uma taxa de juros acordada (uma porcentagem do empréstimo total) ao longo de um período de tempo. O banco lucra com isso, uma vez que a

Veja também: 48-49, 52-53

FRIEDRICH HAYEK (1899-1992)

Um dos principais economistas da Escola Austríaca e covencedor do Prêmio Nobel de Economia em 1974, Hayek nasceu e estudou em Viena. Ele deu aulas na London School of Economics antes de mudar para a Universidade de Chicago. Fortemente anticomunista, Hayek desenvolveu teorias econômicas centradas em empresas privadas, livres do controle do governo.

Padrões de vida e desigualdade

HÁ VÁRIAS MANEIRAS DE AS EMPRESAS LEVANTAREM DINHEIRO

R$
DINHEIRO EMPRESTADO PELOS BANCOS ÀS COMPANHIAS; DADO COMO AUXÍLIO OU SUBSÍDIOS PELO GOVERNO; PAGAMENTOS DE AÇÕES POR ACIONISTAS, BANCOS, OUTRAS COMPANHIAS OU GOVERNOS.

TUDO ISSO RETORNA AO CREDOR COMO PAGAMENTO DE EMPRÉSTIMOS + JUROS; OU PARTE DA PROPRIEDADE DA COMPANHIA E UMA FATIA DE SEUS LUCROS.

empresa tem de pagar o empréstimo original mais juros. Mas não são só os bancos que emprestam dinheiro para as empresas. Grandes companhias também podem vender títulos corporativos, efetivamente emprestando dinheiro de investidores privados que serão pagos mais tarde. Os governos também oferecem empréstimos para as companhias, especialmente para ajudar novos negócios a começar ou para incentivar setores que beneficiarão a comunidade. Alguns setores, como aqueles que produzem energia renovável, podem até mesmo receber auxílios ou subsídios do governo que não precisam ser devolvidos.

Comprando ações

Há vários tipos de investidores que compram ações das companhias. Alguns são indivíduos, mas uma grande parte dos acionistas são empresas comerciais, como companhias de investimento, fundos de pensão e bancos. Os governos também compram ações de companhias privadas, não só como um investimento para compartilhar os lucros, mas também para ter algum controle sobre elas – eles podem até comprar a maioria das ações para fazer com que a companhia passe a ser uma propriedade estatal, por exemplo quando precisam resgatar um banco da falência. Além desse investimento público em empresas comerciais, empreendimentos estatais como sistemas de saúde pública, prisões, ferrovias ou companhias de energia também podem oferecer uma fatia do negócio aos investidores privados.
Isso levantará dinheiro para o governo investir nesses serviços, além dos fundos recolhidos com impostos.

> Quem recebe um empréstimo normalmente tem de oferecer uma garantia, como um imóvel de sua propriedade, que pode perder se não pagar a dívida.

Veja também: 116-117, 134-135

Criando DINHEIRO do nada

COMO O DINHEIRO É USADO PARA PAGAR POR COISAS, ELE ESTÁ CONSTANTEMENTE MUDANDO DE MÃOS E CIRCULANDO DENTRO DE UMA ECONOMIA. OS TRABALHADORES RECEBEM SEUS SALÁRIOS, QUE GASTAM EM BENS E SERVIÇOS, E ESSE DINHEIRO É USADO PARA PRODUZIR MAIS BENS E PAGAR MAIS SALÁRIOS. A OFERTA DE DINHEIRO NÃO VEM DO NADA, ELA É CRIADA PELOS BANCOS.

Dinheiro novo
A quantidade de dinheiro em circulação em uma economia, conhecida como "oferta monetária", não é fixa, mas responde a mudanças na economia como um todo. Às vezes a demanda por dinheiro é maior do que em outros momentos, por exemplo, quando as empresas estão se expandindo e querem tomar mais dinheiro emprestado. É tarefa dos bancos fornecer o dinheiro, mas ele precisa vir de algum lugar, não pode simplesmente ser produzido a partir do nada.

Passando adiante
Na verdade, os bancos têm uma forma de criar dinheiro novo, usando o dinheiro que já está em circulação. O papel de um banco consiste em duas coisas: cuidar do dinheiro que as pessoas depositam e conceder empréstimos para pessoas que precisam de dinheiro. O banco usa o dinheiro que está depositado para emprestar a outros clientes. Mas esse sistema também fornece uma maneira de aumentar a oferta de dinheiro em circulação. A cliente A, por exemplo, tem R$ 100, que ela deposita no banco. O banco então empresta R$ 90 para B. A ainda tem acesso a seus R$ 100, caso precise, mas B também tem acesso a R$ 90 de crédito, totalizando R$ 190 de oferta monetária. O banco, enquanto isso, tem apenas R$ 10 em reserva. Agora, digamos que B gaste os R$ 90, usando-os para pagar os salários de C, e C deposite no banco. O banco pode usar

Padrões de vida e desigualdade

esse dinheiro para conceder um empréstimo a D... e assim por diante. O banco está emprestando mais dinheiro do que ele tem na verdade, mas, desde que os devedores paguem suas dívidas e os depositantes não retirem todo o dinheiro de uma vez, o banco pode aumentar a oferta monetária muitas vezes mais do que tem em reserva.

Mantendo o controle

É claro, o negócio de "criar" dinheiro assim precisa ser regulado de forma cuidadosa, e há leis sobre quanto os bancos podem acrescentar à oferta monetária. Na maioria dos países, os bancos são supervisionados por um banco central estabelecido pelo governo, como o Banco Central do Brasil e o Federal Reserve norte-americano. O banco central controla a quantidade de dinheiro em circulação, decidindo quanto os bancos podem emprestar em comparação com suas reservas e a quantidade de juros que podem cobrar. O banco central também pode emprestar dinheiro, por exemplo, para um banco que precise pagar mais do que tem em reserva. O banco central também pode aumentar a oferta monetária diretamente, imprimindo mais dinheiro – ou acrescentando-o eletronicamente –, que ele pode emprestar a governos ou corporações. Criar dinheiro dessa forma é conhecido como "relaxamento monetário".

Mas, se os bancos podem criar dinheiro aparentemente do nada, negociantes mais inescrupulosos também podem fazê-lo. Provavelmente o mais famoso deles foi o empresário italiano Charles Ponzi, que organizou um esquema ilegal durante os anos 1920 nos EUA, oferecendo lucros fantásticos aos investidores. Seu sistema, conhecido como "esquema Ponzi", deveria pagar os primeiros investidores com dinheiro que ele receberia dos investidores subsequentes. Como os lucros que os primeiros investidores recebiam eram muito altos, ele rapidamente atraiu mais investidores e ganhou milhões de dólares antes de ser descoberto.

BERNIE MADOFF
Depois da fraude vultosa de Ponzi (veja abaixo), a maioria dos investidores ficou desconfiada de qualquer investimento que parecesse bom demais para ser verdade. Mas 60 anos mais tarde, milhares de pessoas foram enganadas pela maior fraude que os EUA já viram. O conselheiro de investimentos Bernie Madoff foi preso em 2009 por administrar um esquema Ponzi por mais de 25 anos, custando cerca de R$ 55 bilhões para seus clientes.

Veja também: 112-113, 124-125

Nos anos 1920, os investidores de Charles Ponzi perderam um total de cerca de US$ 20 milhões, mais de US$ 200 milhões de hoje.

OS BANCOS CONTROLAM A QUANTIDADE DE DINHEIRO NA ECONOMIA

> O **CRÉDITO** DE NENHUM HOMEM É MELHOR DO QUE O SEU **DINHEIRO**.
>
> JOHN DEWEY, FILÓSOFO NORTE-AMERICANO

◉ **Criando dinheiro**
Os bancos centrais controlam a oferta de dinheiro, ou seja, a quantidade de dinheiro na economia. Eles podem decidir criar mais dinheiro para emprestar, o que aumenta a quantidade em circulação.

Dinheiro pode comprar felicidade?

Por que alguns países são **POBRES?**

MUITOS PAÍSES ESTÃO MAIS RICOS DO QUE NUNCA. SUAS INDÚSTRIAS SÃO PRODUTIVAS E SUAS ECONOMIAS ESTÃO CRESCENDO, ENTÃO AS PESSOAS QUE VIVEM NESSES PAÍSES DESENVOLVIDOS PODEM TER O NECESSÁRIO PARA VIVER, ALÉM DE MUITOS LUXOS. MAS HÁ OUTROS PAÍSES QUE NÃO SE DESENVOLVERAM DA MESMA FORMA E TÊM UMA FATIA BEM MENOR DA RIQUEZA MUNDIAL.

As 82 pessoas mais ricas do mundo têm tanta riqueza quanto os 50% mais pobres da população mundial — 3,5 bilhões de pessoas.

> NENHUMA SOCIEDADE PODE SER **PRÓSPERA E FELIZ** SE A MAIOR PARTE DE SEUS MEMBROS FOR POBRE E **MISERÁVEL.**
> ADAM SMITH

Somos todos diferentes
Há muitas diferenças naturais entre os países do mundo, tais como seu tamanho e seu clima, então não é de surpreender que suas economias também sejam diferentes. Os países mais ricos do mundo moderno se tornaram prósperos através do desenvolvimento econômico. Ou seja, eles melhoraram suas indústrias para torná-las mais eficientes e produtivas e adotaram sistemas econômicos capitalistas que trouxeram crescimento econômico e encorajaram avanços na tecnologia.

Enriquecendo
Países da Europa, e mais tarde os EUA e o Japão, foram os primeiros a se industrializar e começar a desfrutar de um padrão de vida em constante melhoria. Essa produtividade deu a eles uma vantagem sobre países menos desenvolvidos, que achavam difícil competir pelo comércio mundial. Como resultado, esses países mais pobres não conseguiam ganhar o suficiente com seu comércio para construir indústrias e

ALGUNS PAÍSES TÊM MAIS DO QUE O SUFICIENTE...

Padrões de vida e desigualdade

desenvolver suas economias. Alguns países europeus ricos construíram impérios, colonizando países em todo o mundo e os explorando para conseguir os recursos de que precisavam. Então, enquanto os países ricos ficavam mais ricos, suas colônias não podiam se beneficiar de seus próprios recursos. Mas alguns países subdesenvolvidos também enriqueceram. As nações do Golfo Pérsico, como Arábia Saudita e Qatar, por exemplo, consistiam principalmente de uma população que vivia no deserto, sem indústria, até que o petróleo foi descoberto na região. Então elas de repente se tornaram uns dos países mais ricos do mundo.

Presos ao passado

Muitos países pobres sofreram com a falta de indústrias modernas, tornando-os incapazes de lucrar com seus recursos. Muitos ainda têm uma economia agrícola, com pequenas propriedades e comunidades pesqueiras produzindo apenas alimento suficiente para a população local, enquanto grandes empresas agrícolas exportam sua produção. As indústrias manufatureiras tendem a usar trabalho barato, e transportar bens é difícil por causa de estradas e ferrovias ruins. Alguns países pobres agora recebem ajuda de países e companhias estrangeiros e são chamados de "países em

NORTE E SUL
Se você olhar para um mapa que mostre os países mais ricos do mundo, verá que eles estão todos no hemisfério Norte. A industrialização que os tornou economicamente bem-sucedidos se espalhou rapidamente pela Europa e pela América do Norte a partir da Inglaterra. Contudo, muitos países da África, América do Sul e Ásia estão bem atrás, e suas indústrias ainda têm dificuldades para competir.

desenvolvimento". Muitos governos adotaram políticas para incentivar indústrias modernas, aproveitando ao máximo seus recursos e promovendo o comércio. O dinheiro das novas indústrias e o investimento de fora são usados para melhorar a infraestrutura, como a comunicação, estradas e rede elétrica. Países em desenvolvimento estão atingindo um crescimento sem precedentes, mas enfrentam a concorrência dos países desenvolvidos. Embora as condições estejam melhorando para alguns, a maior parte da população mundial ainda vive na pobreza.

Veja também: 108-109, 112-113

Riqueza e pobreza
Pessoas de países ricos e industrializados podem desfrutar de um alto padrão de vida com todas as conveniências modernas, mas em muitas partes do mundo as pessoas lutam para sobreviver.

... OUTROS TÊM APENAS O MÍNIMO NECESSÁRIO.

EM FOCO

INSTITUIÇÕES FINANCEIRAS

DESDE A SEGUNDA GUERRA MUNDIAL, AS ECONOMIAS E OS SISTEMAS MONETÁRIOS MUNDIAIS SE TORNARAM MUITO EMARANHADOS. UMA REDE DE ORGANIZAÇÕES CHAMADAS INSTITUIÇÕES FINANCEIRAS INTERNACIONAIS (IFIS) SUPERVISIONA O FLUXO DE DINHEIRO ENTRE AS NAÇÕES E FORNECE EMPRÉSTIMOS PARA AJUDAR OS PAÍSES A SE DESENVOLVER. HÁ MUITAS IFIS, ENTRE ELAS O FUNDO MONETÁRIO INTERNACIONAL (FMI) E O BANCO MUNDIAL.

CÂMBIO FIXO

Na Depressão dos anos 1930, muitos países desvalorizaram suas moedas para promover as exportações. Isso encolheu o mercado e prolongou o período de baixa. Para impedir isso, líderes mundiais se encontraram em 1944 e concordaram em fixar as moedas (manter uma determinada taxa de câmbio) em relação ao dólar norte-americano. Eles estabeleceram o Fundo Monetário Internacional (FMI) para financiamento de emergência e o Banco Mundial para emprestar dinheiro para o desenvolvimento a longo prazo.

COMÉRCIO E TRABALHO

As IFIs supervisionam o fluxo de dinheiro entre os países e funcionam como bancos. Mas as nações também estão ligadas por outras organizações. A Organização Mundial do Comércio (OMC), estabelecida em 1994, supervisiona o comércio e regula 95% dos serviços financeiros mundiais. Ela tem poder legal para fazer cumprir suas regras. A Organização Internacional do Trabalho tenta garantir condições de trabalho justas em todo o mundo, mas não tem poder legal.

INTERNACIONAIS

Padrões de vida e desigualdade

⬇ Banco global
Várias organizações, entre elas o Banco Mundial e o Fundo Monetário Internacional, controlam as transações financeiras no mundo. Elas emprestam fundos aos países em desenvolvimento, mas o empréstimo impõe condições.

Em 2015, a Irlanda pagou 1 bilhão de euros de juros ao FMI por um resgate recebido em 2010.

CONSENSO DE WASHINGTON
Um empréstimo de uma IFI para um país em dificuldades vem com condições. As IFIs impõem medidas, conhecidas como o Consenso de Washington, para ajudar a economia do país. Os países devem, por exemplo, abrir seus mercados ao comércio internacional e reduzir a intervenção do governo. Mas muitos argumentam que o Consenso não ajuda as pessoas mais pobres e simplesmente aumenta a influência de empresas globais.

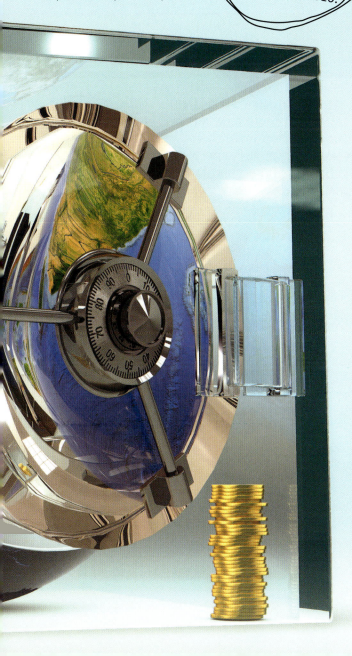

"O mundo é **governado** por **instituições** que não são democráticas – o Banco Mundial, o FMI e a OMC."

JOSÉ SARAMAGO,
VENCEDOR DO PRÊMIO NOBEL DE LITERATURA, 1998

RESGATE GREGO
Em 2009, a Grécia enfrentava uma dívida gigantesca. A Comissão Europeia, o Banco Central Europeu e o FMI (a Troika, ou grupo de três) concordaram em resgatar o país. Em troca, o governo teria de fazer cortes de gastos e vender propriedades estatais. Em 2015, com os serviços falhando e o desemprego aumentando, o povo grego votou em um novo governo, na esperança de reverter os cortes. Mas o resgate da Troika dependia da continuidade desses cortes, então o país continua em crise.

Quem se beneficia com

AS COMUNICAÇÕES E OS TRANSPORTES MODERNOS SIGNIFICAM QUE OS BENS PODEM SER COMERCIALIZADOS DE E PARA QUALQUER PARTE DO MUNDO. COMPANHIAS MULTINACIONAIS TROUXERAM INDÚSTRIAS MODERNAS PARA PAÍSES EM DESENVOLVIMENTO, E TODO PAÍS TEM A CHANCE DE COMERCIALIZAR NO MERCADO GLOBAL. TODOS DEVERIAM SE BENEFICIAR COM ISSO, MAS NÃO É O QUE ACONTECE COM MUITOS PAÍSES.

A Coca-Cola é vendida em todos os países do mundo, exceto na Coreia do Norte.

Retardatários

Alguns países se beneficiam mais da globalização do que outros. É claro, a globalização abriu um amplo mercado, dando aos países pobres um grande número de clientes em potencial para seus produtos. Mas, a menos que eles tenham um recurso natural valioso, como petróleo ou ouro, que é escasso em outros lugares, terão de competir com outros países para comprar matérias-primas ou para vender produtos manufaturados. O problema é que, no mercado global, os países mais pobres, em desenvolvimento, começam em desvantagem em comparação com os mais ricos, industrializados. Eles podem ser países que têm principalmente agricultura e mineração, com pouca ou nenhuma indústria manufatureira. E, como eles não têm maquinários modernos, não podem explorar seus recursos naturais com tanta eficiência e de forma tão barata quanto os países desenvolvidos. Para competir, eles baixam seus preços e obtêm menos lucros. Como resultado, a mão de obra é mal paga, e há pouco dinheiro para desenvolver as indústrias que ajudariam sua economia a crescer.

Uma mãozinha

Não é que esses países não tenham nada a oferecer ao mundo desenvolvido. Alguns são ricos em recursos naturais, e todos têm recursos humanos na forma de pessoas dispostas a trabalhar. Mas eles não encontraram maneiras de tornar suas empresas eficientes e produtivas. É aí que as companhias do mundo desenvolvido podem ajudar. Corporações multinacionais podem fornecer o maquinário, a infraestrutura e a tecnologia de que os países em desenvolvimento necessitam, instalando indústrias lá, usando os recursos naturais disponíveis e empregando a mão de obra local. Esse arranjo beneficia tanto a companhia quanto o país. A companhia ganha fácil

FAZENDO O TRABALHO SUJO
À medida que os países enriquecem, indústrias poluentes se tornam menos aceitáveis e as pessoas ficam menos dispostas a fazer trabalhos sujos e perigosos. As companhias multinacionais costumam transferir essas indústrias para países em desenvolvimento, onde as regulações ambientais e trabalhistas são menos rígidas. Embora isso traga benefícios a curto prazo para a economia local, pode levar a prejuízos caros e duradouros.

Veja também: 104-105

Dinheiro pode comprar felicidade?

Padrões de vida e desigualdade

a GLOBALIZAÇÃO?

> A COMUNIDADE INTERNACIONAL... PERMITE QUE QUASE 3 BILHÕES DE PESSOAS — QUASE METADE DA HUMANIDADE — **VIVA COM US$ 2 POR DIA OU MENOS NUM MUNDO DE RIQUEZA SEM PRECEDENTES.**
>
> KOFI ANNAN, EX-SECRETÁRIO-GERAL DA ONU

acesso aos recursos e à mão de obra barata e, em troca, traz a indústria moderna e investimentos para a economia local. Em muitos lugares, empresas estrangeiras transformaram comunidades rurais pobres em cidades industriais modernas, e as pessoas saíram da pobreza através da oportunidade de ganhar salários regulares.

Lado ruim

Embora as companhias estrangeiras impulsionem a economia local e paguem para melhorar as estradas, ferrovias e aeroportos, elas são donas dos prédios industriais e do maquinário. E, embora elas empreguem trabalhadores locais, eles normalmente ocupam cargos inferiores, enquanto os gerentes vêm do país natal da companhia. A maior parte dos lucros do negócio vai para a companhia, não para o país, e algumas multinacionais pagam pouco ou nenhum imposto local. Entretanto, embora a companhia opere num país em desenvolvimento, ela traz uma prosperidade que o país normalmente não conseguiria conquistar por conta própria.

Críticos argumentam que elas não estabelecem indústrias locais, e é a multinacional, e não o país anfitrião, que está comercializando no mercado global, sem fazer muito para fornecer tecnologia ou recursos necessários para estabelecer negócios locais competitivos. Além disso, a longo prazo, os países pobres podem se tornar dependentes das multinacionais.

Toma lá, dá cá ❯
Embora as indústrias globalizadas possam fornecer empregos localmente, os lucros costumam retornar ao país de origem em vez de beneficiar a economia local.

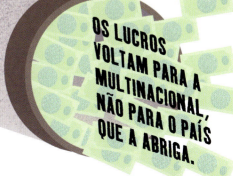

OS LUCROS VOLTAM PARA A MULTINACIONAL, NÃO PARA O PAÍS QUE A ABRIGA.

Dinheiro pode comprar felicidade?

O problema da POBREZA

BILHÕES DE PESSOAS EM TODO O MUNDO ESTÃO VIVENDO NA POBREZA. ELAS NÃO TÊM DINHEIRO SUFICIENTE PARA COMPRAR COMIDA E ROUPAS PARA SI MESMAS E SUAS FAMÍLIAS E SOBREVIVEM EM CONDIÇÕES MISERÁVEIS, SEM ACESSO A ÁGUA LIMPA, AQUECIMENTO E LUZ ELÉTRICA. MESMO NOS PAÍSES RICOS, ALGUMAS PESSOAS LUTAM PARA SOBREVIVER.

> NUM PAÍS **BEM GOVERNADO**, A POBREZA É MOTIVO DE VERGONHA. NUM PAÍS **MAL GOVERNADO**, A RIQUEZA É MOTIVO DE VERGONHA.
>
> CONFÚCIO, FILÓSOFO CHINÊS

Mais de 1 bilhão de pessoas não têm acesso a um banheiro.

Mundo desigual

As indústrias modernas e os sistemas econômicos trouxeram prosperidade a muitas partes do mundo. Avanços tecnológicos tornaram essas indústrias mais produtivas, e a administração cuidadosa das economias garantiu que elas continuassem crescendo. Países industrializados do mundo desenvolvido têm todos os bens e serviços de que precisam e mais. O que eles não conseguem produzir, podem comprar de outros lugares. Nos países mais ricos, os alimentos e outros bens são tão abundantes que acabam sendo desperdiçados. O mundo está produzindo mais do que nunca, porém quase metade de sua população não tem nenhum dos confortos da vida moderna. Há muitos motivos para essa espantosa desigualdade, mas as soluções para o que se tornou um problema internacional da pobreza podem ser examinadas pelos economistas.

Quão pobre é pobre?

É importante entender o que queremos dizer quando falamos de pobreza. Rico e pobre são termos relativos, e alguém que é considerado pobre em um país como a Noruega, por exemplo, seria visto como uma pessoa rica em outros lugares como o Burúndi ou a República Centro-Africana. Mas muitas organizações internacionais, incluindo a Organização das Nações Unidas (ONU) e o Banco Mundial, acreditam que exista uma "pobreza absoluta" – ter menos do que o necessário para viver uma vida digna. Uma declaração da ONU lista como necessidades básicas humanas alimentação, água limpa, saneamento básico, moradia, educação e informação. A declaração define a pobreza absoluta como não possuir alguns ou nenhum dos itens necessários à vida.

Outra forma de definir pobreza é medindo a renda. O Banco Mundial, por exemplo, sugeriu uma "linha de pobreza" internacional, estabelecida em cerca de US$ 2 por dia. Qualquer pessoa que ganhe abaixo desse nível de renda pode ser descrita como "vivendo na pobreza". Talvez uma forma melhor seria medir não o que as pessoas têm, mas o que elas não têm – as coisas das quais são privadas.

Padrões de vida e desigualdade

Tudo é relativo

Esse nível de pobreza absoluta raramente é encontrado em países do mundo desenvolvido. Mas é claro que há pessoas que são relativamente pobres mesmo nos países mais ricos. Esse tipo de pobreza relativa (em oposição à pobreza absoluta) acontece quando as pessoas não conseguem comprar as coisas que são normais para a comunidade na qual elas vivem e seu padrão de vida está abaixo do que a sociedade espera como o mínimo básico. Nesses países ricos, os problemas de pobreza relativa podem ser combatidos pelos governos, que fornecem benefícios sociais para os doentes e desempregados, por exemplo, e aposentadorias para os mais velhos. Eles também podem oferecer benefícios financeiros para trabalhadores de baixa renda e implementar leis para garantir que os empregadores paguem um salário mínimo.

Em países mais pobres, os governos não têm recursos para sustentar aqueles que vivem na pobreza. Eles também podem estar presos numa "armadilha de pobreza", tomando dinheiro emprestado para lidar com problemas imediatos, sem sobrar nada para desenvolver sua economia. Então, eles não só continuam pobres, como passam a carregar também o fardo de pagar a dívida.

Veja também: 104-105, 112-113

A espiral da dívida
Com frequência, as pessoas acham impossível sair da pobreza. Elas pegam dinheiro emprestado, mas não ganham o suficiente para pagar a dívida. Então elas pegam mais dinheiro emprestado e acabam com dívidas impossíveis de pagar.

JOHN MAYNARD KEYNES (1883-1946)
Nascido em Cambridge, Inglaterra, Keynes mudou a visão que os economistas tinham do mundo com sua pioneira macroeconomia. Ele foi conselheiro econômico da Conferência de Paz após a Primeira Guerra Mundial e também do governo britânico. Durante a Grande Depressão dos anos 1930, ele explicou como os governos poderiam usar impostos e regulações para diminuir os efeitos dos altos e baixos econômicos e evitar crises financeiras.

Ajudando

o **MUNDO EM DESENVOLVIMENTO**

NENHUM PAÍS QUER SER POBRE. NA MAIORIA DOS PAÍSES RICOS, AS PESSOAS SENTEM QUE TÊM UMA RESPONSABILIDADE MORAL DE AJUDAR OS MENOS AFORTUNADOS. A AJUDA É OFERECIDA AOS PAÍSES EM DESENVOLVIMENTO POR MEIO DE INSTITUIÇÕES BENEFICENTES, GOVERNOS E ORGANIZAÇÕES INTERNACIONAIS.

A Noruega contribui com 1,07% de sua renda bruta nacional para a assistência ao desenvolvimento.

A AJUDA COSTUMA TRATAR DE QUESTÕES IMEDIATAS, SOBRANDO POUCO PARA O CRESCIMENTO ECONÔMICO.

DINHEIRO PARA INFRAESTRUTURA, TECNOLOGIA, REPAROS E REFORMAS

A ajuda auxilia?
O dinheiro dado pelos países ricos na forma de ajuda internacional tem como objetivo promover o desenvolvimento econômico, mas nem todo ele chega aonde precisa.

Compartilhando a fortuna
Há muitos motivos pelos quais alguns países continuam pobres enquanto outros prosperam. Alguns são ricos em recursos naturais, e outros se beneficiaram por terem abrigado novas invenções tecnológicas. Muitos países ricos reconhecem que têm tido sorte e veem como seu dever compartilhar a boa fortuna com países mais pobres. Indivíduos doam para instituições beneficentes que

CORRUPÇÃO

INDÚSTRIA INEFICIENTE

PAGAMENTO DE DÍVIDAS

Padrões de vida e desigualdade

fornecem alimentos e água potável para os pobres. Os governos dos países desenvolvidos normalmente separam uma porcentagem do dinheiro dos contribuintes para fornecer ajuda estrangeira e juntos sustentam instituições internacionais como o Banco Mundial, que fornece ajuda financeira para projetos em países em desenvolvimento. Muitas empresas doam para caridade ou investem em indústrias no exterior.

Não chega ao destino

Mas nem todo mundo concorda em fornecer ajuda internacional dessa forma. Há alguns que argumentam, equivocadamente, que os países são pobres porque seu povo é preguiçoso ou corrupto e não merece ser ajudado. Outros apontam que muitas vezes o dinheiro dado não é

> A IDEIA DE QUE A **AJUDA** PODE ALIVIAR A **POBREZA** SISTÊMICA... É UM MITO.
> — DAMBISA MOYO

usado do jeito certo, que ele não está atingindo as pessoas que mais precisam e que não está ajudando os países pobres a se desenvolverem e se tornarem prósperos. Mesmo pessoas dos países pobres percebem que dinheiro apenas não é o suficiente para combater as causas da pobreza. A maior parte do dinheiro das organizações beneficentes, por exemplo, é gasta fornecendo coisas como alimentos e roupas, ou remédios e médicos, para pessoas que vivem na pobreza. Embora isso trate das necessidades imediatas, não provê para o futuro.

A ajuda internacional às vezes é dada a governos de países pobres, mas não chega às pessoas que precisam dela. Isso pode acontecer porque elas vivem em áreas remotas e não têm acesso a transporte, ou porque o governo administra mal o dinheiro ou o utiliza para seus próprios projetos em vez de ajudar seus cidadãos. Alguns países pobres pegam dinheiro emprestado de organizações como o Banco Mundial, mas isso não foi o suficiente para estabelecer uma economia estável e em crescimento, e eles ficaram com o fardo de pagar a dívida a longo prazo.

> DÊ O PEIXE PARA UM HOMEM E VOCÊ O ALIMENTARÁ **POR UM DIA**; ENSINE-O A PESCAR E VOCÊ O ALIMENTARÁ PELO RESTO DA VIDA.
> — ANÔNIMO

Plantando o seu

Uma solução a longo prazo é ajudar os países pobres a desenvolver sua economia. A menos que eles possam estabelecer indústrias eficientes e empresas produtivas para se sustentar, sempre serão dependentes da ajuda estrangeira. Países ricos podem ajudar fornecendo dinheiro para projetos específicos, como para melhorar a infraestrutura – transporte e comunicações –, oferecendo educação e treinamento profissional e ajudando a montar indústrias modernas e pequenos negócios. Ao mesmo tempo, eles podem apoiar governos que incentivam a construção de uma economia saudável, combatendo práticas nocivas como a corrupção e a sonegação de impostos. Quando o país for economicamente independente, será capaz de comercializar com os países mais ricos no mercado global.

Veja também: 104-107

UM NOVO COMEÇO

Muitos dos países mais pobres do mundo estão presos numa "armadilha de pobreza", tendo que gastar mais do que ganham para pagar o dinheiro que pegaram emprestado. Em vez de receber mais dinheiro, que imediatamente desapareceria pagando dívidas, esses países estão pedindo um novo começo por meio do simples cancelamento de suas dívidas.

FORNECENDO ENERGIA

A ENERGIA É ESSENCIAL PARA TODA ECONOMIA. MAS OS RECURSOS ESTÃO EM FALTA EM ALGUNS PAÍSES, E AS RESERVAS DE ALGUNS COMBUSTÍVEIS UM DIA VÃO SE ESGOTAR. O USO DA ENERGIA ESTÁ MUDANDO NOSSO CLIMA, UMA VEZ QUE QUEIMAR COMBUSTÍVEIS FÓSSEIS LIBERA GASES DE EFEITO ESTUFA NA NOSSA ATMOSFERA, CAUSANDO O AQUECIMENTO GLOBAL.

COMBUSTÍVEIS FÓSSEIS

Combustíveis fósseis – carvão, petróleo e gás natural – são feitos de restos enterrados de matéria orgânica. Eles fornecem mais de 80% das nossas necessidades energéticas. Muitas dessas reservas de combustível estão em lugares politicamente instáveis como o Oriente Médio, então alguns países estão desenvolvendo novas fontes, como as areias de alcatrão e o xisto, das quais é mais difícil extrair petróleo, mas estão mais próximas. Mesmo assim, o mundo pode ficar sem petróleo dentro de meio século.

SEGURANÇA ENERGÉTICA

As economias modernas precisam garantir acesso à energia barata. Depender do petróleo importado deixa as economias vulneráveis a guerras e tumultos sociais estrangeiros. Elas também precisam competir por energia com economias em expansão como a China. A curto prazo, podem ter de lidar com regimes pouco amigáveis, ou mesmo entrar em guerra para proteger os oleodutos de fornecimento. Contudo, a longo prazo, algumas economias buscam aumentar a segurança, encontrando novas fontes de energia em seus países, como a energia nuclear, ou desenvolvendo fontes renováveis.

Manter as luzes acesas
Estabelecer fontes seguras de energia é uma preocupação de muitos países do mundo. Ao mesmo tempo, fontes alternativas de energia precisam ser encontradas antes que os combustíveis fósseis acabem.

Padrões de vida e desigualdade

RENOVÁVEL E SUSTENTÁVEL

Fontes "renováveis" de energia são aquelas que nunca se esgotam ou que são constantemente renovadas. Mas a ligação entre a queima de combustíveis fósseis e o aquecimento global cria uma necessidade urgente de desenvolver fontes de energia que também sejam "sustentáveis", o que significa que elas podem ser usadas a longo prazo sem efeitos danosos. As principais fontes renováveis e sustentáveis são a água, o vento e a energia solar.

"Precisamos encontrar um novo **caminho sustentável** para o futuro que queremos. Precisamos de uma **revolução industrial limpa.**"

BAN Ki-MOON

REDUZIR O CONSUMO

Queimar combustíveis fósseis prejudica o planeta, então muitos especialistas argumentam que devemos também reduzir o consumo. Na conferência internacional de mudanças climáticas de Paris em 2015, vários países se comprometeram a manter o aumento da temperatura global "bem abaixo dos 2ºC", principalmente cortando o consumo de combustíveis fósseis. Muitos países desenvolvidos prometeram cortar as emissões de carbono do setor energético pela metade.

O uso de energia triplicou ao longo dos últimos 50 anos – a maior parte desse aumento se deveu aos combustíveis fósseis.

Dinheiro pode comprar felicidade?

Hora de acertar as CONTAS

Veja também: 106-107, 108-109

A PRINCIPAL TAREFA DOS BANCOS É EMPRESTAR DINHEIRO. ELES POSSIBILITAM QUE PESSOAS, EMPRESAS E ATÉ PAÍSES PAGUEM PELAS COISAS DE QUE PRECISAM MAS QUE NÃO TÊM DINHEIRO SUFICIENTE PARA COMPRAR. MAS OS BANCOS TAMBÉM SÃO EMPRESAS E QUEREM LUCRAR. ENTÃO QUEM TOMA DINHEIRO EMPRESTADO TEM DE PAGAR MAIS DO QUE O QUE RECEBEU ORIGINALMENTE – O VALOR DO EMPRÉSTIMO MAIS OS JUROS.

O negócio de emprestar

Quase todo mundo pega dinheiro emprestado em algum momento. Pode ser uma quantia muito pequena, como quando você esquece a carteira e pede emprestado R$ 5 de um amigo para tomar um café. É claro, você promete que vai devolver, talvez até no dia seguinte. Como vocês se conhecem e confiam um no outro, seu amigo sabe que receberá o dinheiro de volta. Se for uma quantia grande, quem quer um empréstimo vai a um banco. O banco vai querer garantir que receberá o dinheiro de volta, então buscará saber mais sobre quem toma o empréstimo. Se for um indivíduo, o banco pergunta sobre seu emprego e sua renda, por exemplo. E se for uma empresa, o banco investiga como está a situação da firma e quais planos ela tem para o futuro. Se o banco tiver certeza de que quem toma o empréstimo será capaz de devolver o dinheiro, ele pode fazer um acordo estabelecendo os termos do empréstimo: quando ele será pago e se será pago em parcelas ou de uma só vez. Diferentemente de quando você empresta alguns reais para um amigo, um banco não faz isso por gentileza, mas para obter lucro. Normalmente ele cobra juros sobre o empréstimo, acrescentando uma porcentagem conhecida como "taxa de juros" à quantia emprestada. Um banco pode concordar em emprestar, digamos, R$ 10 mil para uma empresa ao longo de cinco anos a uma taxa de juros de 10% ao ano, que a empresa pagará em prestações mensais. Os juros são cobrados sobre o dinheiro que ainda é devido, o banco recebe mais do que emprestou, mas quem toma o empréstimo se beneficia por ter uma soma grande de dinheiro e tempo para pagá-lo.

> Os credores calculam suas taxas de juros a partir de uma taxa básica, que normalmente é estabelecida pelo banco central.

Uma garantia

Às vezes as coisas podem dar errado. A pessoa que toma o empréstimo pode perder o emprego e não conseguir pagar a dívida. Se ela se torna inadimplente, ou seja, não paga conforme o acordo de empréstimo, o banco perde dinheiro.

A CRISE DA DÍVIDA GREGA

Depois da crise financeira mundial em 2008, o governo grego estava com dificuldades para pagar o dinheiro que tinha emprestado. Outros países europeus, junto com o Fundo Monetário Internacional (FMI), prepararam um "pacote de resgate" de bilhões de euros para socorrer a economia grega, mas isso não foi suficiente para evitar que a Grécia, em 2015, se tornasse o primeiro país a não pagar um empréstimo do FMI.

Padrões de vida e desigualdade

SE VOCÊ DEVE **100 REAIS** AO BANCO, VOCÊ TEM UM **PROBLEMA**. MAS SE VOCÊ DEVE **UM MILHÃO**, O PROBLEMA É DELE.

JOHN MAYNARD KEYNES

Para se protegerem da inadimplência, antes de concederem um empréstimo grande os bancos pedem às pessoas que forneçam uma garantia, como uma casa, para cobrir o empréstimo. Se a pessoa deixa de pagar, o banco pode tomar a casa para cobrir seu prejuízo. A maioria dos empréstimos bancários tem alguma garantia, para proteger o credor no caso de inadimplência. Se quem recebe o dinheiro não puder oferecer nenhuma garantia, o banco ainda assim pode concordar em emprestar, mas cobrará uma taxa de juros muito mais alta, por causa do maior risco envolvido. Os credores podem, na verdade, ganhar mais dinheiro ao assumir riscos maiores, com empréstimos sem garantia ou empréstimos para indivíduos ou companhias que não podem provar que conseguirão pagar as prestações.

Quitando a dívida

Às vezes, os bancos tomam decisões ruins, e as apostas em empréstimos arriscados não trazem retorno. Alguns perderam dinheiro. Mas, além de emprestar dinheiro, eles tomam conta do dinheiro depositado, e os depositantes sofreriam perdas se o banco fosse à falência. Para impedir isso, o banco central pode intervir usando dinheiro público para resgatar o banco. Controverso porque o banco pode ganhar muito dinheiro quando as coisas vão bem, mas não precisarão pagar se as coisas forem mal. Isso é chamado de "risco moral", que o economista Paul Krugman descreve como a situação em que "uma pessoa toma a decisão sobre quanto risco assumir, enquanto outras arcam com o custo se as coisas derem errado".

Veja também: 134-135

PARA COMPRAR UMA CASA, A MAIORIA DAS PESSOAS PRECISA...

Um preço alto a pagar
Uma pessoa pode tomar um grande empréstimo, ou hipoteca, para comprar uma casa. O banco calcula um plano de pagamento baseado na renda da pessoa. Se as parcelas não forem pagas, a casa deve ser vendida para pagar o banco.

DE UM FINANCIAMENTO, QUE É UM EMPRÉSTIMO QUE ELAS PRECISAM PAGAR...

VENDIDA R$

COM JUROS

SALÁRIO MENSAL | PARCELA DO FINANCIAMENTO

Dinheiro pode comprar felicidade?

Desigualdade de RENDA

Em 2014, 0,3% da população brasileira concentrava 15% da renda total e 22,7% das riquezas declaradas

O SISTEMA DE LIVRE MERCADO QUE SE DESENVOLVEU AO LONGO DE SÉCULOS SE MOSTROU UMA FORMA EFICIENTE DE COMBINAR A OFERTA E A PROCURA DE BENS E SERVIÇOS. A CONCORRÊNCIA É UM ELEMENTO ESSENCIAL DE UM MERCADO LIVRE, E HÁ TANTO VENCEDORES QUANTO PERDEDORES.

Veja também: 56-57, 64-65

Livre porém desigual

Com o aumento da globalização do comércio e da indústria, com frequência comparamos a riqueza de diferentes países e seus padrões de vida, usando estatísticas como o PIB per capita (ver pp. 98-99). Mas o que esses números não dizem é como essa riqueza é distribuída dentro de um país. Em muitos dos países mais pobres, há uma enorme desigualdade entre os membros mais ricos e os mais pobres da sociedade. Mesmo em países desenvolvidos, costuma haver uma distribuição de riqueza bastante desigual. Em um mercado livre, a desigualdade é quase inevitável. Alguns economistas veem isso como uma falha do sistema de mercado e argumentam que isso resulta numa sociedade injusta. Outros argumentam que não é necessariamente uma coisa ruim, já que recompensa as pessoas que trabalham duro e as incentiva a serem mais produtivas e terem novas ideias. Assim como acontece com muitas ideias econômicas, ambos os lados do argumento têm uma verdade, e a solução na prática costuma ser um acordo entre visões opostas.

> HÁ TODA **DIFERENÇA** DO MUNDO ENTRE **TRATAR** AS PESSOAS COM IGUALDADE E TENTAR TORNÁ-LAS **IGUAIS**.
> **FRiEDRiCH HAYEK**

Diferença crescente

Os mercados livres não só criam a desigualdade, mas também podem aumentá-la. Empresas bem-sucedidas usam lucros para se tornar ainda mais produtivas e, portanto, mais competitivas. Pessoas ricas podem investir seu dinheiro em negócios e ficar mais ricas, mas aqueles sem recursos ficam cada vez mais para trás. Em muitos países ricos, isso é visto como um problema social, e alguns governos implementaram impostos progressivos, tomando uma porção maior das rendas mais altas e ajudando os de baixa renda com benefícios sociais e salário mínimo. Economistas sugerem que países com menor variação de salários e menor desigualdade não só têm menos problemas sociais como também são economias mais bem-sucedidas e estáveis. Mas, em países como os EUA e o Reino Unido, os governos acreditam que a

MILTON FRIEDMAN (1912-2006)

Nascido no Brooklyn, Nova York, Friedman fez doutorado em economia. Ele trabalhou em Nova York e Washington e deu aulas na Universidade de Chicago. As ideias que ele desenvolveu lá, recomendando impostos baixos e mercados sem regulação, tornaram-no provavelmente o economista mais influente do final do século 20, trabalhando como conselheiro dos presidentes Nixon e Reagan.

Padrões de vida e desigualdade

ALGUNS EMPREGOS MUITO BEM PAGOS OFERECEM BENEFÍCIOS E BÔNUS, ALÉM DE SALÁRIOS QUE SÃO MUITAS VEZES MAIORES QUE A MÉDIA.

Quanto você vale?
Nem todos os empregos pagam o mesmo salário. Banqueiros, por exemplo, ganham muito mais do que enfermeiros, embora os enfermeiros forneçam um serviço essencial. Isso acontece porque, num mercado livre, os banqueiros são valorizados como criadores de riqueza.

BENEFÍCIOS BÔNUS
SALÁRIOS

BENEFÍCIOS BÔNUS
SALÁRIOS

SALÁRIOS

economia vai melhor se os salários são estabelecidos pelos mercados. A diferença entre ricos e pobres é maior do que em outras partes do mundo desenvolvido, e está se ampliando. Administradores de grandes companhias podem ganhar muitas vezes mais do que seus funcionários e banqueiros fazem fortunas enquanto seus faxineiros podem viver na pobreza. Essa desigualdade é justificada pela teoria do gotejamento: que banqueiros e empresários deveriam ser melhor recompensados, já que criam riquezas que beneficiam a todos nós.

Uma chance para todos
Defensores do mercado livre argumentam que políticas mais socialistas restringem a liberdade das pessoas para atingir a igualdade – em vez de tentar igualar a renda de todos, deveríamos oferecer mobilidade social, para que seja mais fácil subir a escada social e ganhar o que é merecido. Para fazer isso, todos – não importa origem, gênero ou etnia – deveriam receber oportunidades iguais, por meio do acesso à educação e a empregos. Embora o resultado ainda fosse uma distribuição desigual de riqueza, essa oferta de oportunidades iguais para todos garantiria uma sociedade mais justa.

Veja também: 126-127

Dinheiro pode comprar felicidade?

Padrões de vida e desigualdade
NA PRÁTICA

O CUSTO DE EMPRESTAR

A maioria das pessoas que precisa de dinheiro pode fazer um empréstimo e depois pagá-lo com juros. Mas as pessoas de baixa renda, que têm maiores necessidades e não podem garantir o pagamento, podem terminar pagando mais do que os ricos para terem um empréstimo. Com frequência, os "agiotas" – que são credores ilegais – tiram vantagem dos pobres e cobram taxas de juros gigantescas.

O ÍNDICE BIG MAC

É difícil comparar o custo de viver em diferentes países, porque o quanto se pode comprar com cada moeda é diferente. Contudo, a revista britânica The *Economist* faz essa tentativa usando o "Índice Big Mac", que compara o preço desse sanduíche que é o mesmo no mundo todo.

PAGANDO O PREÇO

Muitos consumidores procuram produtos de melhor qualidade a preços mais baixos, sem pensar sobre a procedência dos produtos. Mas hoje os consumidores estão cientes de que roupas da moda e equipamentos esportivos são mais baratos porque são feitos em confecções precárias que usam trabalho forçado ou infantil e estão dispostos a pagar um pouco mais para impedir essa exploração.

EMPREGOS SEM FUTURO

Empresas do crescente setor de serviços criaram muitos empregos, mas muitas dessas vagas são mal remuneradas, em lugares como lojas, call centers ou restaurantes de fast-food. Elas oferecem poucas oportunidades de promoção ou permanência no emprego, que, portanto, são consideradas trabalhos temporários sem futuro, e não carreiras para a vida.

Padrões de vida e desigualdade

Algumas famílias são mais privilegiadas que outras. Esses "nascidos em berço de ouro" têm uma vantagem econômica desde o início, uma vez que suas relações e seu dinheiro os ajudam a conseguir melhores empregos e ainda mais dinheiro. Pode parecer injusto, mas seria justo tirar isso deles? As famílias não têm o direito de oferecer aos filhos as melhores oportunidades?

ISSO NÃO É JUSTO!

PADRÕES DE VIDA

Os padrões de vida diferem ao redor do mundo e dentro dos países. O mundo desenvolvido tende a ter um alto padrão de vida, mas alguns países têm populações grandes com altos níveis de desigualdade, enquanto alguns países pequenos, como o Brunei, podem ser ricos em um recurso como o petróleo, que traz um alto padrão de vida para a maior parte da população.

Avanços em tecnologia, desenvolvimento econômico e crescimento dos mercados trouxeram uma riqueza sem precedentes para boa parte do mundo. Mas nem todos se beneficiaram disso igualmente. Em muitos países, a maioria da população vive na pobreza, e mesmo em alguns países desenvolvidos a diferença entre ricos e pobres está aumentando.

PRIMEIROS SOCORROS

Com o advento da mídia de massa, as pessoas estão cientes dos efeitos da pobreza em todo o mundo e ansiosas por ajudar. Muitas doam para organizações beneficentes, especialmente após notícias de desastres naturais. Eventos beneficentes levantam altas somas de dinheiro, mas essa assistência, em comparação com a necessidade perene, é apenas uma gota no oceano.

FILANTROPIA

Enquanto bilhões de pessoas vivem na pobreza, há poucas que são multibilionárias. Muitos dos super-ricos acreditam que é seu dever ser filantrópicos, dar parte de sua riqueza para caridade. Isso pode parecer generoso, mas normalmente apenas uma pequena proporção de sua riqueza é destinada e ela ainda pode não ser bem utilizada.

O que tem no meu **BOLSO**?

Encontrando o EQUILÍBRIO

Ganhando a VIDA

Um lugar SEGURO para meu dinheiro

Você precisa MESMO disso?

Contando os CENTAVOS

Compre agora, pague DEPOIS?

Como você gostaria de PAGAR?

DINHEIRO de viagem

Para os tempos DIFÍCEIS...

Fazendo PLANOS

Administrar suas finanças pessoais, fazer o orçamento do lar e cuidar do seu dinheiro em geral envolvem os mesmos princípios econômicos para administrar um negócio. Quanto você gasta, o que você compra e onde você compra são todas decisões econômicas. Assim como as escolhas que você faz sobre seu emprego, suas atividades de lazer e seus planos para o futuro.

O que tem no meu bolso?

Encontrando o EQUILÍBRIO

PARA PAGAR PELAS COISAS QUE QUEREMOS E DAS QUAIS PRECISAMOS, DEVEMOS TER DINHEIRO. E A MAIORIA DAS PESSOAS PRECISA TRABALHAR PARA GANHÁ-LO. PARA ENCONTRAR UM EQUILÍBRIO ENTRE O QUE TEMOS E O QUE GOSTARÍAMOS DE FAZER, TEMOS DE TOMAR DECISÕES SOBRE QUE TIPO DE TRABALHO EXERCER E QUANTO TEMPO PASSAR NELE.

> MINHAS COISAS **FAVORITAS** NA VIDA NÃO CUSTAM NENHUM DINHEIRO. ESTÁ MUITO CLARO QUE O **RECURSO** MAIS **PRECIOSO** QUE TODOS NÓS TEMOS É O **TEMPO**.
>
> STEVE JOBS, COFUNDADOR DA APPLE INC.

Só trabalho sem diversão...

As decisões que tomamos em relação ao trabalho são econômicas. O tempo que temos é um recurso que pode ser usado de muitas formas. Parte dele já é destinada a coisas que somos obrigados a fazer, como comer e dormir. O resto, mais ou menos dois terços do nosso tempo, está disponível para o trabalho ou o lazer, e, para levar uma vida plena e feliz, é importante encontrar um equilíbrio entre os dois. Para muitas pessoas nos países pobres, as escolhas são limitadas e, para conseguir o necessário à vida, elas precisam trabalhar longas horas em troca de salários baixos, ficando sem tempo nem dinheiro para o lazer. Mas, nos países desenvolvidos, a maioria das pessoas escolhe seu estilo de vida e como equilibrar trabalho e lazer da melhor forma.

Vale a pena?

É claro, escolher qual trabalho fazer depende de quanto dinheiro podemos ganhar e se esse dinheiro vai pagar por tudo o que precisamos ou queremos. Mas o trabalho também envolve uma grande proporção do nosso tempo. Alcançar o equilíbrio entre trabalho e lazer é um exemplo do que os economistas chamam de "custo de oportunidade" (ver pp. 40-41) – isso significa medir o valor das coisas que queremos em relação a quanto estamos dispostos a renunciar por elas. A renda de um emprego é valiosa para nós, mas nosso lazer também é valioso. Se trabalhamos mais, podemos ter mais renda, mas o custo disso é menos tempo de lazer. Por outro lado, se escolhemos passar mais tempo desfrutando de nossas atividades de lazer, nos resta menos oportunidade para ganhar dinheiro.

CARREIRA...

Finanças pessoais

Tempo e oportunidade

O tempo não é o único recurso que temos. Há também outros fatores que afetam nossa escolha de que tipo de trabalho realizar, entre eles educação, habilidades e experiência. Esses, por sua vez, afetam as oportunidades que estão disponíveis para nós. Podemos decidir aprender novas habilidades e nos qualificar mais para concorrer a empregos com salários maiores. Mais uma vez, é uma questão de encontrar o equilíbrio entre o trabalho extra que temos de fazer e o estilo de vida que gostaríamos de ter – quer desejemos ter uma casa maior e um carro, ou estejamos felizes por ter mais tempo livre para praticar um esporte ou nos dedicar aos nossos hobbies.

TRABALHAR OU ESTUDAR?

Decidir fazer faculdade ou não também envolve um custo de oportunidade. Em vez dos três ou mais anos que você passa estudando e os custos disso, você poderia trabalhar e ganhar dinheiro. Por outro lado, com um diploma universitário você pode ter uma chance melhor de conseguir o emprego que quer, e provavelmente um melhor salário a longo prazo.

Cabe a você

Há outros fatores envolvidos na escolha de uma carreira. Enquanto algumas pessoas vivem para trabalhar, outras trabalham para viver. Algumas têm a ambição de se tornar médicas ou advogadas, por exemplo, enquanto outras veem o trabalho simplesmente como uma forma de ganhar dinheiro suficiente para comprar aquilo que querem e desejam. E, enquanto algumas pessoas gostam de seu emprego e não se importam de passar longas horas no trabalho, muitas querem trabalhar o mínimo necessário. No fim, a escolha de qual trabalho fazer, incluindo quanto dinheiro podemos ganhar e quanto do nosso tempo ele tomará, é uma escolha econômica. Para levar a vida que gostaríamos, devemos usar nossos recursos para termos as coisas que queremos e o tempo para desfrutá-las, combinando nossa renda ao estilo de vida que escolhemos.

> Em média, trabalhadores em tempo integral nos países desenvolvidos passam cerca de 40% de seu tempo no trabalho.

QUAL É MAIS IMPORTANTE? ... **ESTILO DE VIDA**

↥ **Equilíbrio entre trabalho e lazer**
Nós precisamos trabalhar para pagar as coisas que queremos na vida. Mas isso deve ser equilibrado com a necessidade de ter tempo suficiente de lazer para desfrutar delas.

Veja também: 56-57, 126-127

Ganhando a VIDA

> **O HOMEM APRECIA O TRABALHO QUE SE ADAPTA BEM A ELE.**
> HOMERO, ESCRITOR DA GRÉCIA ANTIGA

POUQUÍSSIMAS PESSOAS NO MUNDO TÊM TANTO DINHEIRO QUE NUNCA PRECISAM TRABALHAR. EM ALGUM MOMENTO, QUASE TODOS NÓS TEMOS QUE PENSAR EM COMO GANHAR A VIDA. ALÉM DE DECIDIR QUE TIPO DE TRABALHO MELHOR SE ADEQUARIA A NÓS, TEMOS DE TOMAR DECISÕES SOBRE ARRANJAR UM EMPREGO OU COMEÇAR UM NEGÓCIO PRÓPRIO.

Pagando suas contas

À medida que os jovens se tornam adultos e terminam seus estudos, eles precisam se tornar financeiramente independentes de seus pais e pagar pelas coisas que querem e desejam para si. O ideal é que eles consigam um trabalho de que gostem e que utilize suas habilidades e seu conhecimento, mas é provável que a principal razão para trabalhar seja ganhar algum dinheiro.

Para a maioria das pessoas, isso significa encontrar trabalho – conseguir um emprego e ser pago por um empregador pelo trabalho que faz. Os empregadores normalmente anunciam quando têm vagas de trabalho e estão admitindo novos funcionários. Alguém que está procurando emprego pode verificar se o trabalho lhe é adequado, mas também quanto ele paga. O empregador pode oferecer pagamento de várias maneiras – uma certa quantia por hora ou por dia, de forma que o pagamento depende das horas trabalhadas. Ou pode pagar na forma de um salário determinado por mês.

DESEMPREGO

Nem sempre é possível encontrar trabalho. Às vezes há muito mais pessoas do que empregos disponíveis. E, mesmo que você tenha um emprego, pode perdê-lo se a empresa não estiver indo bem. Não é fácil estar desempregado, mas a maioria dos governos tem programas para ajudar as pessoas que estão sem trabalho a pagar suas contas e a encontrar um novo emprego.

Finanças pessoais

> O TRABALHO É... FUNDAMENTAL PARA A DIGNIDADE HUMANA, PARA NOSSA AUTOESTIMA COMO PESSOAS ÚTEIS, INDEPENDENTES E LIVRES.
>
> BILL CLINTON, EX-PRESIDENTE DOS EUA

SUBINDO NA CARREIRA

A escada da carreira ➦
Durante a vida, os trabalhadores podem ser promovidos e subir os degraus da carreira, ganhando mais conhecimento e habilidades.

Boas perspectivas

Não são só os salários que um empregador oferece que importam. Embora todo mundo queira ganhar bem, os jovens, em particular, podem escolher trabalhar por salários mais baixos para poderem aprender novas habilidades e ganhar experiência no emprego. A maioria das pessoas começa sua vida de trabalho em empregos que não são bem pagos ou em programas de estágio, para então começar a subir degraus na carreira. Portanto, quando procuram emprego, elas consideram se a vaga oferece chances de promoção ou se será boa para suas perspectivas de trabalho no futuro.

> No Brasil, em 2013, 69% dos homens em idade produtiva estavam empregados, em comparação com 44% das mulheres.

Lar e trabalho

Tradicionalmente, o homem da casa era responsável por "ganhar o pão" – prover dinheiro para toda a família – e, em muitas culturas, esperava-se que as mulheres ficassem em casa fazendo "trabalhos femininos" como cozinhar, limpar e criar os filhos. Mas hoje, especialmente nos países ricos e desenvolvidos, a maioria das mulheres trabalha fora e cada vez mais elas estão trabalhando em empregos antes considerados "trabalho de homem". Os economistas consideram que as mulheres que fazem trabalho doméstico de fato têm um emprego, embora não seja remunerado. Agora que muitas delas estão trabalhando fora, os casais costumam dividir as tarefas domésticas, ou podem pagar para que outra pessoa as faça.

Uma forma de equilibrar casa e emprego é trabalhar meio período. Embora isso fosse uma opção para as mães, para que tivessem tempo de cuidar dos filhos, isso está se tornando comum para os homens também em alguns países. Há ainda o "trabalho compartilhado", quando uma vaga de trabalho é dividida entre duas ou mais pessoas.

Trabalhar menos horas por dia, ou menos dias por semana, deixa mais tempo livre para outros interesses, mas significa menos renda, obviamente, e pode não ser possível para todo mundo.

Seja o chefe

Nem todo mundo que trabalha é empregado. Muitas pessoas são autônomas, administrando seu próprio negócio, ou em parceria com colegas. Há vantagens em ser seu próprio chefe, como tomar suas próprias decisões e desfrutar dos lucros quando o negócio vai bem. Mas administrar um negócio pode demandar muitas horas de trabalho duro e não garante uma renda regular.

Veja também: 56-57, 124-125

O que tem no meu bolso?

Um lugar SEGURO para meu dinheiro

UMA VEZ QUE VOCÊ TENHA UM EMPREGO OU ADMINISTRE UM NEGÓCIO, TEM DE PENSAR SOBRE O QUE FAZER COM O QUE GANHA. SE FOR DINHEIRO VIVO, PODE GUARDÁ-LO NO BOLSO OU DEBAIXO DO COLCHÃO. MAS, É CLARO, SERIA MAIS SEGURO GUARDÁ-LO EM UMA CONTA NO BANCO. E HÁ OUTRAS VANTAGENS NISSO: O BANCO TEM MAIOR FLEXIBILIDADE, OFERECE CRÉDITO QUANDO É PRECISO OU AJUDA A AUMENTAR SEU DINHEIRO.

> SE VOCÊ QUER SER RICO, PENSE EM POUPAR, ALÉM DE GANHAR DINHEIRO.
> — BENJAMIN FRANKLIN

Seguro e protegido
Talvez a primeira coisa que as pessoas pensam quando decidem abrir uma conta no banco é que é um lugar seguro para guardar seu dinheiro, trancado nos cofres de um prédio protegido. Mas hoje em dia há pouco dinheiro vivo nos bancos, – as contas consistem em números em um programa de computador – mas ainda assim é mais seguro do que ter dinheiro no bolso. A principal razão pela qual as pessoas têm contas bancárias é pela conveniência. Embora algumas pessoas ainda recebam um envelope de pagamento no fim da semana ou do mês, contendo dinheiro ou um cheque que elas podem compensar no banco, cada vez mais empregadores transferem o salário de seus empregados para contas bancárias. E, embora pequenas empresas costumem receber em dinheiro por seus produtos ou serviços, os clientes preferem cada vez mais pagar usando cartões de débito ou crédito. Então, para a maioria das pessoas que ganha dinheiro, é essencial ter uma conta no banco.

Acesso fácil
Além de fornecer um lugar para depositar seu salário, os bancos oferecem diferentes formas de lidar com suas despesas, as coisas que você precisa pagar. Você pode retirar dinheiro no caixa de uma agência do seu banco ou num caixa eletrônico. Mas também pode fazer pagamentos com cartão bancário, por telefone ou pela internet. E você pode pedir ao banco para fazer pagamentos automáticos, como um aluguel ou parcelas de um financiamento, direto de sua conta. Para ajudá-lo a acompanhar o que está acontecendo na sua conta, a maioria dos bancos têm um serviço online, em que você pode ver quanto tem na conta e administrar seu dinheiro. Outra vantagem é que os bancos podem emprestar dinheiro a seus clientes para cobrir despesas inesperadas ou para pagar compras grandes. Isso pode se dar na forma de um cheque especial, permitindo que você gaste mais dinheiro do que tem na conta e pelo

CONSULTORIA FINANCEIRA
Os bancos costumam oferecer muitas formas diferentes de poupança ou investimentos, e podem ajudá-lo a decidir qual opção é melhor para você. Mas é claro que o banco vai querer que você poupe seu dinheiro com ele e não com outro banco. Então, é uma boa ideia pedir a ajuda de um consultor financeiro independente, um profissional que pode comparar todos os serviços disponíveis de diferentes bancos e decidir qual você deveria escolher.

Finanças pessoais

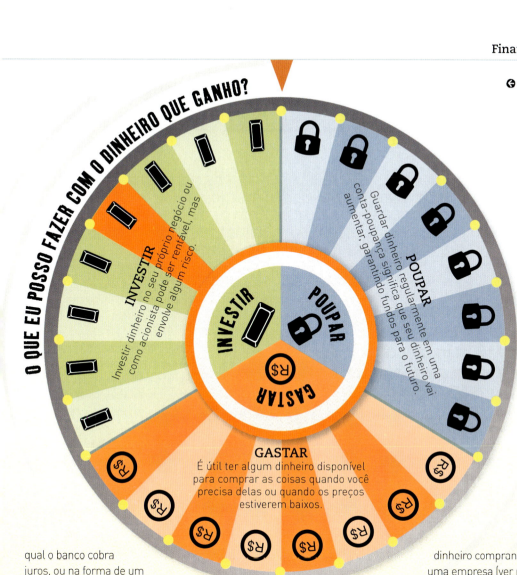

Dinheiro que sobra
Se você for cuidadoso, poderá ter algum dinheiro de sobra depois de pagar por todas as suas necessidades. Cabe a você decidir se vai gastá-lo, investi-lo ou poupá-lo.

qual o banco cobra juros, ou na forma de um empréstimo que também precisa ser pago com juros, em parcelas regulares.

Usando o que sobra
Se você ganhar dinheiro suficiente para cobrir todas as suas despesas e ainda sobrar, pode se perguntar o que é melhor fazer com esse dinheiro. Você poderia gastá-lo, comprando algo que sempre quis, ou guardá-lo em sua conta bancária para quando precisar. Se escolher guardar para o futuro, há melhores opções do que uma simples conta bancária. A maioria dos bancos oferece contas-poupança, por exemplo, que têm uma taxa de rendimentos mais alta do que as contas comuns, desde que você mantenha o seu dinheiro lá por um tempo determinado. Além de ser seguro colocar dinheiro em uma dessas contas, também há a garantia de que ele vai aumentar. Você também pode investir seu dinheiro comprando ações de uma empresa (ver pp. 100-101), ou colocá-lo num fundo de investimento, que compra e vende ações e outros produtos financeiros em nome dos clientes. Isso pode trazer um retorno maior para o seu dinheiro, mas é mais arriscado do que mantê-lo no banco, então é melhor procurar uma consultoria financeira antes de decidir o que fazer.

Veja também: 102-103, 142-143

> **O INVESTIMENTO EM CONHECIMENTO TEM O MAIOR RENDIMENTO.**
>
> **BENJAMIN FRANKLIN**

O que tem no meu bolso?

Você precisa MESMO

Veja também: 58-59, 124-125

HÁ TODO TIPO DE COISAS COM AS QUAIS VOCÊ PODE GASTAR DINHEIRO. ALGUMAS, COMO COMIDA E ALUGUEL, SÃO ESSENCIAIS, MAS HÁ OUTRAS QUE SÃO MENOS IMPORTANTES. PARA TER CERTEZA DE QUE VOCÊ VIVE DE ACORDO COM SEUS MEIOS, GASTANDO MENOS DO QUE GANHA, VOCÊ DEVE FICAR ATENTO E SABER PARA ONDE VAI O SEU DINHEIRO.

> RENDA ANUAL DE VINTE LIBRAS, DESPESAS ANUAIS DE DEZENOVE LIBRAS, DEZENOVE XELINS E SEIS PENCE, RESULTADO: **FELICIDADE**. RENDA ANUAL DE VINTE LIBRAS, DESPESA ANUAL DE VINTE LIBRAS E SEIS PENCE, RESULTADO: **DESESPERO**.
>
> CHARLES DICKENS, AUTOR DE *DAVID COPPERFIELD*

O que entra e o que sai

Para ter certeza de que você vive de acordo com seus meios, é uma boa ideia fazer um orçamento, um registro de quais despesas devem ser pagas e de quanto dinheiro está entrando. Você pode fazer isso num livro de contabilidade ou numa planilha de computador. Seja qual for o método que você escolha, a ideia é a mesma: você compara sua renda, como seu salário mensal, com suas despesas, a quantia que você gasta em um mês.

Necessidades e desejos

Se você tem um emprego com uma renda regular, você sabe quanto dinheiro tem em seu orçamento e que ele será o mesmo todo mês. Em seguida, você precisa listar as coisas nas quais gasta dinheiro e quanto elas custam. As primeiras coisas que você coloca na lista de despesas são as essenciais, como aluguel, comida e contas de gás, luz e água. Algumas delas são pagamentos regulares e têm o mesmo valor todo mês, mas outras serão diferentes em épocas distintas do ano. Pode haver outras que são importantes, como contas de telefone, gastos com ônibus e metrô e pagamento de seguros. Em seguida na sua lista entrarão as coisas que podem não ser essenciais, mas lhe dão prazer ou deixam sua vida mais confortável. Entre elas estão seus hobbies e atividades de lazer, como esportes, música, livros e filmes.

➤ Lista de compras

Se você for cuidadoso com seus gastos cotidianos e se ativer à sua lista de prioridades, pode se dar ao luxo de se presentear de tempos em tempos, comprando coisas que você quer mas que não são necessárias.

COISAS QUE VOCÊ QUER...

disso?

Cortando gastos

Quando você soma todos esses pagamentos, pode comparar o total das despesas com sua renda. Se suas despesas são maiores que sua renda, para equilibrar seu orçamento você precisa cortar a quantia que está gastando com algumas coisas ou encontrar uma forma de aumentar sua renda, trabalhando mais horas ou conseguindo um emprego mais bem remunerado, por exemplo. Normalmente é mais fácil fazer cortes nos seus gastos do que aumentar a renda. Como você tem uma lista das coisas nas quais gasta dinheiro, pode colocá-las em ordem de prioridade e decidir em que pode fazer economia, gastar menos, para equilibrar seu orçamento. No topo da lista estão as coisas sem as quais você não pode viver e as contas que precisam ser pagas. Os gastos com esses itens às vezes podem ser reduzidos, por exemplo, andando a pé em vez de pegar ônibus, ou sendo mais cuidadoso com o uso da energia elétrica. Mas são as coisas no fim da lista que você pode eliminar, especialmente os presentes que dá a si mesmo, como o celular mais moderno ou roupas da moda.

LAR, DOCE LAR

A maior despesa regular da maioria das pessoas é pagar um lugar para viver. Escolher se você quer morar com amigos, alugar um lugar para morar sozinho ou assumir um financiamento para comprar uma casa ou um apartamento depende da sua renda. A quantia que você paga todo mês de aluguel ou prestações afetará bastante o resto do seu orçamento.

Reserve para a diversão!

Ao perguntar a si mesmo se precisa mesmo dessas coisas, você pode cortar seus gastos e elaborar um orçamento que lhe permitirá viver de acordo com seus meios e até ter algum dinheiro para poupar. Isso não significa que tenha de abrir mão de coisas de que gosta. Você pode incluir um "dinheiro para diversão" em seu orçamento para gastar quando sai à noite, pagar a mensalidade de um clube ou sair de férias. Se fizer uma lista das coisas que você quer, poderá se organizar para comprá-las quando tiver dinheiro e não por impulso – ou talvez decidir que não precisa delas!

COISAS DAS QUAIS PRECISA…

Veja também: 132-133, 144-145

Tente não gastar mais do que 90% da sua renda. Tenha como meta guardar pelo menos 10% para qualquer despesa grande que surgir.

Finanças pessoais

O que tem no meu bolso?

Contando os

NINGUÉM GOSTA DE PAGAR MAIS DO QUE PRECISA, ESPECIALMENTE SE ESTÁ COM O ORÇAMENTO APERTADO. EMBORA VOCÊ POSSA REDUZIR OS CUSTOS EVITANDO ALGUNS LUXOS, HÁ COISAS QUE VOCÊ PRECISA COMPRAR. MAS, PENSANDO UM POUCO E PLANEJANDO, TAMBÉM HÁ FORMAS DE REDUZIR QUANTO VOCÊ GASTA COM OS ITENS NECESSÁRIOS.

> CUIDADO COM OS PEQUENOS GASTOS; UM PEQUENO VAZAMENTO PODE AFUNDAR UM BARCO GRANDE.
> BENJAMIN FRANKLIN

Nos países desenvolvidos, cerca de 100 kg de comida por pessoa são desperdiçados por ano.

Poupe todo dia

Quando você olha para suas despesas, a lista de coisas nas quais gasta dinheiro, pode ver que existem certas coisas, como aluguel ou financiamento, que precisam ser pagas regularmente e têm um custo fixo que não pode ser reduzido. Mas há também muitas despesas pequenas em seu orçamento que variam de tempos em tempos. Há itens que você só compra ocasionalmente, como roupas ou móveis, mas uma grande parte de suas despesas é de gastos cotidianos para viver, que incluem comida, transporte e serviços essenciais como luz e água. São essas despesas cotidianas que você pode reduzir. Pode parecer que você só conseguirá poupar muito pouco na maioria dessas despesas, resultando em apenas alguns centavos em cada item, mas ao longo do tempo isso pode somar uma redução significativa. Com frequência, compramos e usamos coisas sem pensar sobre seu custo e não percebemos que há alternativas mais baratas ou que estamos desperdiçando dinheiro. Com um pouco de atenção e planejamento, contudo, podemos reduzir nossas despesas. Por exemplo, há formas evidentes de diminuir o consumo, como desligar todos os aparelhos elétricos quando não estão sendo usados ou usar roupas mais quentes em vez de ligar o aquecedor.

Facilitando a vida

Gastamos dinheiro em muitas coisas simplesmente por conveniência, para facilitar a vida. É mais barato, por exemplo, comprar alimentos frescos e cozinhar em vez de comprar comida pronta ou pedir comida em casa. Ter um carro também é mais conveniente do que usar o transporte público, mas pode ser mais caro, e o smartphone mais recente pode parecer bacana, mas será que é mais útil do que aquele que você já tem?

Leve a bacia ➔
Comprar um saco de maçãs, em vez de comprar uma a uma, pode ser mais barato, mas só se você comer todas elas antes que apodreçam.

Finanças pessoais

CENTAVOS

Pequenas mudanças, grandes economias

Mas você não precisa fazer mudanças em seu estilo de vida para guardar dinheiro. Nas compras do supermercado, é bom planejar antes e comprar embalagens econômicas de alguns produtos, em vez de simplesmente comprar as coisas à medida que você precisa delas, e vale a pena procurar ofertas especiais. Também é importante pensar sobre quanto você precisa de verdade e se será capaz de usar tudo antes da data de validade. Jogar fora comida que não foi consumida é lançar dinheiro pelo ralo, e isso representa uma proporção grande das despesas de muitas pessoas. Atenção, também, para não se deixar levar por uma oferta. Se alguma coisa parece boa demais para ser verdade, normalmente acaba sendo uma falsa economia. Especialmente ao se comprar coisas como roupas, móveis ou eletrodomésticos, é aconselhável gastar um pouco mais em algo que vai durar mais. Reserve um tempo para comparar produtos e preços. Acima de tudo, tente evitar comprar por impulso algo de que vai se arrepender depois! Faça uma lista do que você precisa e deseja e atenha-se a ela. As pequenas economias que você faz nas compras do cotidiano podem ajudá-lo a ficar dentro do orçamento e talvez render algum dinheiro extra para gastar nas coisas da sua lista de desejos.

PROTEÇÃO AO CONSUMIDOR

Muitos países têm leis para proteger os consumidores, garantindo que eles não sejam enganados ao pagar por bens e serviços. Essas leis impedem que os vendedores ludibriem os consumidores por meio de afirmações falsas na publicidade, ofertas enganosas de produtos que não são os mais baratos ou embalagens que parecem conter mais produto do que contêm na realidade, por exemplo.

Cuide dos gastos maiores

Segundo o ditado, de grão em grão a galinha enche o papo. Mas não basta contar os centavos, você também deve ser cuidadoso ao gastar quantias maiores. O dinheiro que você economiza em pequenas compras é desperdiçado, por exemplo, se você paga um plano de academia caro que não tem tempo de usar.

Veja também: 128-129, 130-131

ÀS VEZES O QUE PARECE UMA PECHINCHA... É UMA ECONOMIA FALSA.

O que tem no meu bolso?

Veja também: 116-117, 130-131

Compre agora, pague

ADMINISTRAR UM ORÇAMENTO É QUESTÃO DE VIVER COM OS PRÓPRIOS MEIOS, SEM GASTAR MAIS DO QUE VOCÊ PODE. ÀS VEZES, CONTUDO, HÁ COISAS DAS QUAIS VOCÊ PRECISA, MAS NÃO TEM DINHEIRO SUFICIENTE PARA COMPRAR. VOCÊ PODE PAGAR POR ELAS PEGANDO UM EMPRÉSTIMO E DIVIDINDO O CUSTO POR UM PERÍODO DE TEMPO.

Economizando

É claro, é sensato manter seus gastos menores do que sua renda. Mas algumas despesas são grandes e podem custar mais do que o que você tem no banco. Pode haver coisas como um carro ou uma viagem de férias, que você pode comprar depois de economizar dinheiro suficiente, mas pode haver outras das quais você precisa com maior urgência, como uma reforma, ou que exigirão um tempo muito grande para economizar. Uma forma de pagar por elas é usando dinheiro emprestado.

Lar, doce lar

Os jovens, em particular, costumam ter grandes despesas antes mesmo de começarem a ganhar dinheiro. Muitos deles tomam empréstimos estudantis para custear seus estudos, que eles podem pagar assim que tenham um emprego. Outros podem fazer um empréstimo para cobrir os custos de começar um negócio – pagando as prestações à medida que o negócio cresce. Mas, para a maioria das pessoas, a maior compra que provavelmente farão é de um lugar para viver,

Financiamento

Algumas empresas que vendem itens caros, como carros, oferecem crédito para que seus clientes possam comprar bens quando desejam e dividam o custo por meio de um plano de financiamento.

CLASSIFICAÇÃO DE CRÉDITO
Antes de emprestar dinheiro, os bancos checam se a pessoa que vai tomar o empréstimo é capaz de pagar as prestações. Normalmente, eles pedem para uma companhia, conhecida como agência de classificação de risco de crédito, avaliar o histórico financeiro da pessoa. Essa classificação de crédito é baseada na renda e nas propriedades do tomador, mas também em seu histórico de crédito – se ele pagou suas dívidas no passado.

e poucas conseguirão fazer isso sem pegar dinheiro emprestado. Um empréstimo para comprar uma casa ou um apartamento é chamado de financiamento, e o banco normalmente cobra menos por ele do que para outros tipos de empréstimo, uma vez que a propriedade é usada como garantia. Se você não paga o financiamento, eles podem lhe tirar a casa.

Finanças pessoais

DEPOIS?

COMPRAS GRANDES PODEM SER PAGAS AO LONGO DE VÁRIOS MESES OU ANOS...

TODA VEZ QUE VOCÊ PEGA UM EMPRÉSTIMO, ROUBA SEU FUTURO.
NATHAN W. MORRIS, ESCRITOR NORTE-AMERICANO

Os brasileiros realizaram R$ 703 bilhões em transações com cartões de crédito em 2016, uma alta de 4% em relação a 2015.

que ainda é devida, mais juros em cima disso. Além de financiamentos para compras grandes como uma casa, os bancos oferecem outras formas de empréstimo. Por exemplo, se você tem uma despesa inesperada como um conserto de carro e não tem dinheiro suficiente para pagar, pode usar o cheque especial. Isso permite que você tire mais dinheiro do que tem em sua conta, até uma quantia determinada, e pague quando puder.

Juro que vou pagar

A vantagem de pegar dinheiro emprestado é que você pode ter as coisas que quer ou de que precisa sem ter de esperar, e dividir o custo ao longo de um período determinado de tempo, fazendo pagamentos regulares. A grande desvantagem é que o credor, normalmente um banco, cobrará juros sobre o empréstimo. Isso significa que você vai acabar pagando mais dinheiro do que pegou emprestado – às vezes até mais que o dobro da quantia. Isso acontece porque um empréstimo é normalmente pago ao longo de vários anos, e a taxa de juros é *per annum* (ou seja, ao ano, normalmente abreviada como "a.a."). O credor cobra juros não só sobre a quantia inicial do empréstimo, mas a cada ano sobre o total da quantia

Pagando com cartão

Uma alternativa é usar o crédito para fazer compras, pagando uma oferta imperdível com cartão de crédito, por exemplo, ou reservando uma viagem quando os preços estão baixos. Assim como outras formas de emprestar dinheiro, os cartões de crédito podem ser uma maneira útil de protelar o pagamento para uma data posterior, mas eles também têm um lado negativo. Se você não paga rapidamente a quantia total que usou, será cobrada uma taxa de juros alta sobre o que você ainda deve, e a dívida continuará crescendo. Em todas as formas de empréstimo, é importante se planejar para pagar as prestações e evitar se afundar cada vez mais em dívidas.

Veja também: 138-139

O VALOR DO TRABALHO

EM UM MERCADO LIVRE, O QUANTO AS PESSOAS GANHAM DEPENDE DA OFERTA E DA PROCURA. ADVOGADOS, POR EXEMPLO, PODEM SER BEM PAGOS PORQUE POUCOS TÊM A CAPACITAÇÃO NECESSÁRIA E AS PESSOAS PAGAM BASTANTE POR SEUS SERVIÇOS. FUNCIONÁRIOS DE UMA CAFETERIA PODEM RECEBER POUCO PORQUE MUITA GENTE PODE FAZER O TRABALHO E OS LUCROS DE VENDER CAFÉ SÃO PEQUENOS. MAS NA PRÁTICA NEM SEMPRE É TÃO SIMPLES.

ESCRAVOS ASSALARIADOS

Trabalhadores braçais e sem capacitação costumam estar entre os mais mal pagos. Eles têm pouco poder de barganha, porque são muitos e facilmente substituídos. Para serem competitivas, as companhias compram o trabalho braçal ou sem capacitação pelo custo mais baixo. Elas também podem tentar substituir trabalhadores por máquinas ou por trabalhadores estrangeiros, mais baratos. O emprego no setor sem qualificação costuma ser precário, os trabalhadores são contratados a curto prazo e dispensados quando os negócios estão em baixa.

DIFERENÇA DE GÊNERO

Na teoria, homens e mulheres deveriam ter o mesmo poder de barganha ao concorrer para a mesma vaga de trabalho. Na prática, as mulheres costumam receber significativamente menos, em geral cerca de 20% a menos nos EUA. Leis foram criadas para diminuir essa diferença de salários entre os gêneros, mas ela ainda existe. Várias explicações foram dadas para essa situação, mas a mais provável é a mais óbvia: discriminação sexual.

Finanças pessoais

> "Pessoas que trabalham **sentadas** ganham mais do que pessoas que trabalham em **pé**."
>
> OGDEN NASH, POETA NORTE-AMERICANO

ALTOS SALÁRIOS

No passado, as pessoas mais bem pagas eram médicos e pesquisadores. O longo treinamento e o nível de capacidade exigido significava que havia poucos deles. Nos anos recentes, esses profissionais foram superados por celebridades, líderes empresariais e pessoas que trabalham no setor financeiro – devido a bônus e comissões. No Brasil, em 2016, um diretor financeiro de uma grande empresa ganhava entre R$ 35 e R$ 75 mil por mês, enquanto um pesquisador científico recebia, em média, R$ 9 mil.

PILOTO DE AVIÃO

OPERÁRIO

No Brasil, um profissional em cargo de liderança recebe quase 14 vezes o salário de um funcionário de nível operacional.

TRABALHO SUJO

Algumas pessoas fazem trabalhos sujos, insalubres e até perigosos – com frequência suportando longas horas de trabalho em más condições. Sobretudo, isso acontece porque elas não têm outra escolha, e nesses casos os piores trabalhos também costumam ser os mais mal pagos. Em muitos países em desenvolvimento, até crianças podem ser forçadas a trabalhar por salários irrisórios em condições terríveis, como em confecções clandestinas e fábricas que produzem bens baratos onde há pouca atenção com sua segurança.

⇑ Variação de salário
Executivos de empresas e bancos são bem recompensados nos países desenvolvidos. Alguns profissionais ganham bons salários, mas os trabalhadores pouco qualificados podem ser vulneráveis às crises econômicas.

O que tem no meu bolso?

Cartão de crédito
Uma forma rápida e fácil de pegar dinheiro emprestado para fazer uma compra, o cartão de crédito é útil, mas o empréstimo deve ser pago rapidamente para evitar cobranças altas.

Cartão de débito
Quando você paga alguma coisa com seu cartão de débito, o dinheiro é retirado diretamente de sua conta no banco e transferido para a conta de quem o recebe.

VOCÊ PODE PAGAR PELA MAIORIA DAS COISAS USANDO CARTÃO OU ATÉ SEU SMARTPHONE

Como você gostaria

NA MAIOR PARTE DA HISTÓRIA, AS PESSOAS USARAM DINHEIRO, MOEDAS E NOTAS PARA PAGAR POR BENS E SERVIÇOS. MAS GRADUALMENTE SURGIU UMA VARIEDADE DE FORMAS ALTERNATIVAS DE PAGAMENTO, INCLUINDO CARTÕES DE DÉBITO E CRÉDITO E TRANSFERÊNCIAS ELETRÔNICAS DE DINHEIRO. NO SÉCULO 21, TRANSAÇÕES SEM DINHEIRO, ATÉ DE QUANTIAS MENORES, ESTÃO RAPIDAMENTE SE TORNANDO A NORMA.

> **O DINHEIRO É APENAS O CARTÃO DE CRÉDITO DO POBRE.**
> MARSHALL MACLUHAN, TEÓRICO DAS COMUNICAÇÕES CANADENSE

E se, como acontece com a maioria das pessoas, seu dinheiro estiver no banco, você precisará retirá-lo de tempos em tempos, em uma agência ou no caixa eletrônico, usando seu cartão de débito ou crédito.

Dinheiro na mão
A mudança para uma sociedade sem dinheiro está acontecendo, mas notas e moedas ainda são amplamente usadas – especialmente para pagar pequenas quantias, como quando compramos um jornal ou um café. Muitas pequenas empresas, especialmente em lugares menos desenvolvidos, também não têm os recursos para lidar com pagamentos que não sejam em dinheiro. Então, embora não seja mais necessário ter grandes quantias de dinheiro vivo ao sair de casa, você provavelmente precisará ter algum no bolso.

Cartas na mão
São esses cartões, e a tecnologia por trás deles, que revolucionaram a forma como pagamos pelas coisas hoje em dia. Além de usar cartões para tirar dinheiro de um caixa eletrônico, você pode usá-los para pagar por coisas diretamente, ou por coisas que você encomenda pelo telefone ou pela internet. Lojas e empresas do mundo todo agora aceitam cartões de crédito e débito para pagamentos, e algumas até emitem seus próprios cartões de crédito. Os cartões modernos são feitos de plástico e têm faixas magnéticas ou chips eletrônicos, que podem ser lidos pela máquina de cartão das lojas.

Veja também: 12-13, 22-23

Finanças pessoais

Aplicativo de celular
Aplicativos bancários podem ser usados para acessar fundos assim como um cartão de crédito ou de débito, mas, as transações podem se restringir a pequenas quantias por razões de segurança.

Dinheiro
Muitas pessoas ainda preferem pagar com dinheiro, especialmente compras menores, e algumas pequenas empresas não aceitam pagamento em cartão.

de PAGAR?

Uma vez que você autorizou a transação, digitando a sua senha, a máquina instrui o banco a transferir dinheiro para a conta da loja. Ao usar um cartão de débito, o dinheiro será retirado de sua conta para fazer o pagamento, desde que você tenha dinheiro suficiente para cobrir a compra. Usar um cartão de crédito é diferente, uma vez que o banco está efetivamente emprestando dinheiro para você fazer a transação, e isso terá de ser pago em algum momento. Recentemente, surgiu uma nova geração de "cartões inteligentes", que contêm um chip eletrônico que pode se comunicar com um terminal por meio de ondas de rádio. Isso permite um pagamento super-rápido "sem contato" – simplesmente colocando o cartão perto do terminal em vez de inseri-lo. Tecnologia similar também produziu aplicativos para smartphones, para que eles possam ser usados em transações sem contato, substituindo os cartões.

Online
Há outras formas de fazer pagamentos sem dinheiro ou cartão. Você pode instruir seu banco a fazer pagamentos diretamente a partir de sua conta por débito automático, para pagar coisas como contas de luz e telefone ou programar um pagamento regular, por exemplo, do seu aluguel mensal. A maioria dos bancos hoje em dia oferece serviços online, que permitem que os correntistas administrem seu dinheiro por meio de computadores, tablets ou smartphones. Em um site seguro, você pode ver quanto dinheiro tem em sua conta e também fazer pagamentos, transferindo dinheiro diretamente de sua conta para a de outra pessoa, desde que tenha os dados bancários dela.

PAGAMENTO ONLINE
Muitas companhias hoje fazem negócios por meio da internet em vez de ter lojas físicas. Você pode encomendar todo tipo de bens e serviços online e recebê-los em casa. Os pagamentos podem ser feitos com cartões de débito e crédito ou por transferência eletrônica de sua conta bancária, usando uma companhia de pagamento online como o PayPal.

DINHEIRO de viagem

NUNCA FOI TÃO FÁCIL E BARATO VISITAR OUTROS PAÍSES. MUITAS PESSOAS VIAJAM PARA O EXTERIOR REGULARMENTE PARA TIRAR FÉRIAS, VISITAR AMIGOS E PARENTES OU A NEGÓCIOS; ALGUMAS ATÉ ESCOLHEM VIVER EM OUTRO PAÍS PARA ESTUDAR OU TRABALHAR. VIVENCIAR UMA CULTURA DIFERENTE PODE SER ESTIMULANTE E GRATIFICANTE, MAS LIDAR COM MOEDAS DIFERENTES ÀS VEZES PODE SER DIFÍCIL.

> O DESTINO DE VIAGEM NUNCA É UM LUGAR, MAS UMA NOVA MANERIA DE VER AS COISAS.
>
> HENRY MILLER, ESCRITOR NORTE-AMERICANO

Dinheiro para as férias

Há quase duzentos países no mundo, e a maioria tem sua própria moeda. Apenas poucos, como os dezenove países europeus da Zona do Euro, compartilham uma moeda única, então é quase inevitável que, ao viajar para um país estrangeiro, as pessoas de lá utilizem uma moeda diferente da sua. Em pouquíssimos lugares, lojas e empresas aceitam moedas fortes como o dólar americano ou o euro, mas em toda parte, se você quiser comprar alguma coisa, terá de pagar na moeda local. Então, você terá que trocar seu dinheiro pela moeda do país que está visitando. Você pode fazer isso na maioria dos bancos, ou em uma casa de câmbio. Mas o que você talvez não perceba é que não pode trocar seu dinheiro pela mesma quantia da outra moeda. O banco ou casa de câmbio cobrará para fazer a transação, e isso normalmente equivale a uma porcentagem do dinheiro que você está trocando.

> As moedas de euro cunhadas em vários países são diferentes, mas podem ser usadas em qualquer lugar da Zona do Euro.

TROCAR DINHEIRO ANTES DE VIAJAR AO EXTERIOR CUSTA DINHEIRO.

Veja também: 20-21

O que tem no meu bolso?

Finanças pessoais

Custo da moeda

Se você tem reais, por exemplo, e quer trocá-los por dólares americanos, a taxa de câmbio oficial pode ser US$ 1 = R$ 3,00, mas a casa de câmbio vende a uma taxa menor e compra a uma taxa maior. Então, quando você for trocar seu dinheiro, talvez o banco cobrará R$ 3,10 por cada dólar, efetivamente ganhando R$ 0,10 na negociação. Mas, quando você voltar de sua viagem e quiser trocar alguns dólares por reais, a casa de câmbio talvez pague R$ 2,90 por US$ 1 – R$ 0,10 a menos do que a taxa de câmbio. O custo de trocar dinheiro varia de lugar para lugar, de 5% a até 15% ou 20%, e costuma ser mais caro em aeroportos e áreas turísticas do que em bancos e casas de câmbio. As taxas de câmbio também estão mudando constantemente, então você pode economizar se planejar com antecedência e trocar o dinheiro quando a taxa estiver a seu favor, em um banco em que você confie e que vá lhe oferecer um bom negócio.

Além da taxa de câmbio, ao comprar moeda estrangeira no Brasil, pagamos IOF (Imposto sobre operações financeiras): 1,1% na compra de dinheiro vivo e 6,38% nas operações por meio de cartões.

Plástico fantástico

Cartões de débito e crédito também são aceitos amplamente ao redor do mundo, e podem ser usados para pagar hotéis, restaurantes e suvenires. Há também cartões de débito pré-pagos, nos quais você pode colocar, antes de viajar, a quantia de dinheiro de que precisará. Você provavelmente precisará de dinheiro vivo para compras menores e poderá tirá-lo num caixa eletrônico usando seu cartão de débito ou de crédito. Infelizmente, isso não significa que possa evitar o custo da troca de dinheiro nem IOF. Seu banco provavelmente cobrará por qualquer pagamento que você fizer em outra moeda, além de usar uma taxa de câmbio que é favorável para ele, e essa cobrança também se aplica a qualquer moeda local que você sacar em um caixa eletrônico.

Você pode até pagar por custos de câmbio sem nunca ter deixado seu país! Se você compra coisas de outro país pela internet, por exemplo, o vendedor preferirá ser pago em sua própria moeda, e seu banco cobrará de você pela transação. Se você tem um negócio com clientes ou fornecedores em outros países, o custo de aceitar ou fazer pagamentos em diferentes moedas também precisa ser levado em conta, e isso se reflete nos preços cobrados.

CASA DE CÂMBIO

Além dos bancos, há empresas que se especializam em trocar dinheiro. Essas casas de câmbio operam especialmente em áreas turísticas ou centros urbanos, aeroportos e estações de trem. Elas normalmente exibem uma lista de moedas com as quais trabalham, ao lado dos preços na moeda local.

O que tem no meu bolso?

Para os tempos

DESDE CEDO NA VIDA, SOMOS INCENTIVADOS A NÃO GASTAR NOSSO DINHEIRO MAS GUARDÁ-LO ATÉ QUE TENHAMOS O SUFICIENTE PARA AS COISAS QUE QUEREMOS. À MEDIDA QUE CRESCEMOS E TEMOS QUE PAGAR PELAS DESPESAS COTIDIANAS, COSTUMA SOBRAR POUCO DO QUE GANHAMOS – MAS, SE ECONOMIZARMOS, ATÉ UMA PEQUENA QUANTIA PODE SE TORNAR UMA SOMA CONSIDERÁVEL.

Num lugar seguro

Crianças do mundo inteiro aprendem que é sábio economizar em vez de gastar, colocar pelo menos uma parte de seu dinheiro em algum lugar seguro para o futuro. Guardando um pouco de dinheiro regularmente, as economias gradualmente se acumulam, então com o tempo haverá o suficiente para pagar pelas coisas que normalmente não poderíamos comprar. Outro motivo para poupar é ter algum dinheiro no caso de emergências, despesas inesperadas como consertar ou substituir uma geladeira quebrada. A imagem do cofre em formato de porquinho é familiar e costuma ser usada para representar a ideia de poupança, mas há melhores formas de economizar, especialmente se forem mais do que algumas moedas. Primeiro, seu dinheiro estará mais seguro contra roubos num banco; em segundo lugar, o banco pagará juros sobre qualquer dinheiro que você guarde, ajudando a quantia a aumentar mais rápido.

Veja também: 128-129

> SE VOCÊ QUER SER RICO, PENSE EM **POUPAR** ALÉM DE GANHAR **DINHEIRO**.
> **BENJAMIN FRANKLIN**

Aumentando seu dinheiro

Há muitos tipos de contas bancárias, e algumas delas são especificamente destinadas para quem poupa. Elas tendem a oferecer as melhores taxas de juros, o que significa que o banco acrescenta dinheiro aos fundos que estão na conta, com uma certa frequência, seja mensal ou anual. Por exemplo, se você tem uma quantia de R$ 100, que ganhou de presente ou de herança de algum parente, e quer poupá-la, você pode colocar o dinheiro numa conta-poupança que paga 10% ao

⊙ Investimento inicial
Se você tem R$ 1.000 para poupar, você poderia colocar o dinheiro numa conta-poupança que oferece uma taxa de juros de, por exemplo, 10% ao ano ao longo de um período de dez anos.

⊙ Depois de 1 ano
Sobre seus R$ 1.000 iniciais, incidiram juros de 10%, então agora você tem R$ 1.100 na conta. No próximo ano o dinheiro aumentará ainda mais, 10% de R$ 1.100, e assim por diante.

⊙ Depois de 5 anos
A cada ano, seu dinheiro cresce, e você ganha juros sobre a quantia total, incluindo os juros anteriores. Em cinco anos, você terá R$ 1.610,51.

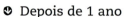

COMO A POUPANÇA CRESCE COM O TEMPO...

Finanças pessoais

DIFÍCEIS...

> UMA PESSOA SÓ SE **SENTA À SOMBRA** HOJE PORQUE OUTRA **PLANTOU** UMA ÁRVORE MUITO **TEMPO ATRÁS.**
> **WARREN BUFFETT**

ano. Depois de um ano, o dinheiro terá aumentado 10% para R$ 110, mas, como é utilizado o sistema de juros compostos, no ano seguinte o dinheiro aumentará 10% de R$ 110, rendendo R$ 11 em vez de R$ 10. Há uma maneira fácil de calcular quanto o dinheiro aumenta com os juros compostos, usando a chamada "regra do 72". Se a taxa de juros é de x% ao ano, então a quantia dobra a cada 72 dividido por y anos. Então, se a taxa de juros é de 8% ao ano, por exemplo, o dinheiro dobrará a cada 9 anos. E isso é bem melhor do que guardar o dinheiro num porquinho.

Taxa fixa

Na prática, as taxas de juros variam com o tempo, e o dinheiro em sua aplicação crescerá de acordo com as taxas da época em que os juros são aplicados a cada ano. Às vezes eles serão mais altos do que quando você iniciou a aplicação, e outras vezes mais baixos.

Para evitar a incerteza, você pode escolher uma aplicação com uma taxa de juros fixa durante um determinado período. Contudo, se você faz isso e as taxas sobem, você perde dinheiro.

> Os primeiros cofres na forma de porquinho para guardar moedas foram feitos em Java, na Indonésia, no século 14.

Perdendo dinheiro

Quanto mais tempo você mantém seu dinheiro em uma conta, mais ele aumenta – e, se além disso você acrescenta mais dinheiro de tempos em tempos, ele aumentará mais rápido. Os bancos oferecem melhores taxas de juros se você concorda em não sacar seu dinheiro por um determinado tempo, digamos cinco ou dez anos. Embora isso signifique que você terminará com uma soma maior no final, também significa que o dinheiro não estará disponível para emergências ou que você terá de pagar uma penalidade para ter acesso a ele antes do final do período. Mas também significa que você ficará menos tentado a usar sua poupança, a menos que seja absolutamente necessário.

 Veja também: 144-145

● **Reserva final**
Após sete anos os R$ 1.000 iniciais se tornarão quase o dobro, R$ 1.948,72. Ao final de dez anos você terá uma soma total de R$ 2.593,74.

COMPRAR PARA INVESTIR
Na maior parte do tempo, compramos coisas que queremos ou de que precisamos, e qualquer dinheiro que sobra é colocado na poupança. Mas algumas pessoas usam esse dinheiro para comprar coisas que elas acreditam que aumentarão de valor: investimentos como casas, ouro e joias, obras de arte e até vinhos finos.

... E GARANTE O SUSTENTO FUTURO.

O que tem no meu bolso?

Fazendo PLANOS

AO LONGO DA VIDA, TOMAMOS DECISÕES SOBRE O TIPO DE VIDA QUE QUEREMOS LEVAR: COM O QUE VAMOS TRABALHAR, ONDE VAMOS VIVER E COMO QUEREMOS GASTAR NOSSO DINHEIRO. QUANDO PENSAMOS NO FUTURO, DEVEMOS LEMBRAR QUE ELE É IMPREVISÍVEL E DEVEMOS FAZER PLANOS PARA GARANTIR NOSSA SEGURANÇA QUANDO AS COISAS FOREM MAL.

> UMA APOSENTADORIA NÃO É NADA ALÉM DE UMA COMPENSAÇÃO TARDIA.
> ELIZABETH WARREN, ACADÊMICA NORTE-AMERICANA

Assumindo a responsabilidade

Depois que um jovem sai de casa para viver de forma independente, ele começa a assumir responsabilidades. Entre elas estão comprar coisas cotidianas, como comida, roupas e assim por diante, bem como pagar algum lugar para morar e as contas do lar. E, para cumprir com essas responsabilidades, ele terá que ter uma renda, quer seja trabalhando para uma empresa ou administrando um negócio. À medida que a vida passa, ele talvez assuma mais responsabilidades financeiras, como um financiamento para comprar uma casa ou um apartamento, ou para começar seu próprio negócio. Esses empréstimos costumam ser compromissos para pagar quantias regulares ao longo de um período de muitos anos. Não há problema em assumir esse tipo de compromisso, desde que você tenha renda para pagá-lo. Mas os problemas começam quando você não faz planos para quando as coisas derem errado. Você ainda tem de pagar as contas, mesmo que algo aconteça com a sua renda. E se, como muitas pessoas, você também tem um parceiro ou uma família, isso será um problema para eles também.

E se tudo der errado?

Ninguém quer acreditar que as coisas possam dar errado quando se planeja o futuro, especialmente quando é algo tão importante quanto aceitar um novo emprego, casar ou comprar uma casa. Mas coisas ruins acontecem, e você pode perder o emprego caso a companhia para a qual você trabalha vá à falência ou talvez você não possa trabalhar por causa de uma doença. Em muitos países, o governo oferece apoio financeiro para pessoas que estão doentes ou desempregadas,

> O PLANEJAMENTO PODE AUXILIAR NA GARANTIA DE UM FUTURO CONFORTÁVEL

⬆ Olhando para o futuro
A vida pode ser imprevisível, mas planejar com antecedência pode ajudar a tornar a jornada mais confortável. Seguros e poupança podem fornecer fundos para tempos de dificuldades financeiras e ajudar a lidar com despesas inesperadas.

Finanças pessoais

> **DESEJAR EXIGE TANTA ENERGIA QUANTO PLANEJAR.**
>
> ELEANOR ROOSEVELT, POLÍTICA NORTE-AMERICANA

financiado pelos impostos que você paga quando está ganhando dinheiro. Mas com frequência isso não é suficiente para cobrir as necessidades básicas. Então, quando fizer planos, é prudente considerar algum tipo de garantia. Isso pode significar guardar dinheiro regularmente para ter fundos de emergência. Contudo, uma apólice de seguros lhe dará maior segurança e pode ser paga em prestações. Quando você assume um empréstimo ou um financiamento, pode fazer um seguro que cobrirá suas despesas se você não puder pagá-las. Também há apólices de seguro que oferecem uma renda e pagam cuidados médicos se você fica doente ou sofre um acidente, e seguro de vida que fornecerá dinheiro à sua família se você morrer.

você estava acostumado. A aposentadoria pode ser complementada por um esquema de previdência privada que lhe dê uma renda extra na velhice. Ela é organizada de forma que você faça contribuições regulares enquanto está recebendo, e alguns empregadores também contribuem para a aposentadoria de seus funcionários.

Embora a maior parte dos nossos planos seja para a vida que temos à frente, também devemos planejar para o que vai acontecer depois que morrermos. Além de seguros para cobrir os compromissos que assumimos temos de considerar o que vai acontecer com o dinheiro e as propriedades que temos. Seu espólio pode ser taxado, mas o que resta pode ser transferido para sua família e seus amigos. Fazer um testamento, registrando seus desejos, ajuda a evitar disputas legais sobre quem tem direito ao seu espólio e o imposto que terá de ser pago.

Envelhecer

À medida que envelhecemos, as circunstâncias mudam. Chegará um tempo em que você vai querer parar de trabalhar, mas ainda precisará de uma renda. A maioria dos governos fornece aposentadorias, mas isso pode não ser suficiente para viver com o mesmo conforto a que

Diz a lenda que piratas e marinheiros costumavam usar brincos de ouro para pagar por seus enterros se morressem no mar.

FORMANDO UM LAR

Cedo ou tarde, os jovens precisam sair de casa para viver de forma independente. À medida que começam a conquistar sua segurança financeira, conseguem assumir compromissos de longo prazo, como pagar aluguel ou o financiamento de uma casa. Muitas pessoas querem ter uma família e terão de considerar o compromisso financeiro de sustentar seus filhos durante muitos anos pela frente.

O que tem no meu bolso?

ORGANIZE-SE

Para administrar seu dinheiro e planejar seu orçamento, você precisa de informações sobre sua renda e suas despesas. A chave para isso é registrar o que você gasta e quanto dinheiro você ganha em um livro de contabilidade ou no computador e lembrar de checar regularmente sua conta bancária.

Viajar para o exterior pode ser caro se alguma coisa dá errado. Se você sofrer um atraso por causa do tempo, por exemplo, poderá ter que gastar mais do que tinha planejado. E é ainda pior se você for roubado ou precisar de tratamento médico. Para se proteger, faça um seguro de viagem antes de partir, quer seja para uma única viagem ou para cobri-lo sempre que for ao exterior.

VIAGEM SEGURA

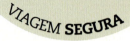

Finanças pessoais
NA PRÁTICA

Quando você vai a um banco pegar dinheiro emprestado, eles vão querer saber se você conseguirá pagar o empréstimo e se tem alguma garantia, como uma casa, no caso de não pagar. É mais provável que você consiga o dinheiro se oferecer as informações que eles precisam, então prepare seu pedido com cuidado antes de ir ao banco.

ESTEJA PREPARADO

PEÇA AJUDA

Se você tem algum dinheiro sobrando, pode ser difícil saber qual é a melhor forma de guardá-lo. Há muitos esquemas de poupança diferentes, então pode ser de grande ajuda procurar um consultor financeiro independente. Da mesma forma, há organizações que podem ajudar se você precisar de conselhos para emprestar dinheiro ou resolver problemas de dívidas.

Finanças pessoais

MERCADO DE TRABALHO

As taxas de desemprego entre jovens costumam ser mais altas do que para o resto da população. Geralmente, há muitos jovens concorrendo ao mesmo emprego. Para ser competitivo no mercado de trabalho e ter uma chance de conseguir um bom emprego, é bom ter qualificação educacional e habilidades que outros candidatos talvez não tenham.

SEGURANÇA ONLINE

Bancos e fornecedores de serviços tentam tornar as transações na internet seguras, usando softwares e criptografia. Mas isso não protegerá o seu dinheiro, a menos que você também seja cuidadoso. Guarde seus PINs e senhas em segredo e só use sites em que possa confiar. E, assim como você faz com sua carteira, guarde seu smartphone em segurança, já que ele contém informações valiosas para hackers.

Administrar suas finanças pessoais é como administrar um negócio. Para evitar dificuldades financeiras, você tem de ficar de olho em quanto dinheiro entra e quanto sai, e encontrar formas de equilibrar essa renda com as despesas.

POR VIA DAS DÚVIDAS

Os seguros são uma forma sensata de se proteger – pode lhe custar muito se você não tiver um seguro quando as coisas dão errado. Cuidado com vendedores muito persuasivos e leia a apólice atentamente. Quando comprar aparelhos eletrônicos, por exemplo, podem lhe oferecer seguros para cobrir roubo ou defeitos. Se isso custar tanto quanto para substituir os bens, pode ser que não valha a pena.

CASA PRÓPRIA

A maioria dos jovens que sai da casa da família vive de aluguel. Em determinado momento, eles podem decidir assumir um financiamento para comprar uma casa ou um apartamento próprio. A vantagem é que a propriedade será deles, mas também a responsabilidade, uma vez que terão de pagar a manutenção dela além das parcelas do financiamento.

Lista de economistas

Maurice ALLAIS (1911–2010)

O economista francês Maurice Allais foi um dos pioneiros da economia comportamental, estudando a psicologia da tomada de decisão e especialmente o quão racional é o nosso comportamento econômico diante de várias escolhas. Estudou matemática em Paris e trabalhou como engenheiro antes de ser nomeado professor de Economia na École Nationale Supérieure des Mines. Ele ganhou o Prêmio Nobel de Economia em 1988.

Jean BODIN (1530–1596)

Filho de um alfaiate francês, Jean Bodin foi advogado, historiador e um influente pensador político. Ele também publicou um dos primeiros estudos sobre inflação. Relacionando a quantidade de bens à quantidade de dinheiro em circulação, ele atribuiu o aumento de preços em toda a Europa ao influxo de prata e ouro das colônias espanholas na América do Sul, no século 16, quando a população estava crescendo.

Ha-Joon CHANG (1963–)

O sul-coreano Ha-Joon Chang trabalha na Universidade de Cambridge, no Reino Unido, e é um dos principais críticos da economia tradicional e das políticas de desenvolvimento. Em livros como *Chutando a escada – A estratégia do desenvolvimento em perspectiva histórica*, *Bad samaritans* e *23 things they don't tell you about capitalism*, ele questiona o impacto do livre comércio e da globalização e defende formas alternativas de intervenção para combater a pobreza.

Antoine Augustin COURNOT (1801–1877)

Embora nascido numa família relativamente pobre, Antoine Cournot estudou matemática e se tornou tutor, secretário de um dos generais de Napoleão e palestrante universitário. Ele foi pioneiro no uso da matemática na economia, comparou a produção industrial e os lucros dos monopólios e duopólios, e foi o primeiro a desenhar a curva de oferta e procura num gráfico para ilustrar a ligação entre a demanda por um item e seu preço.

Gérard DEBREU (1921–2004)

O matemático francês Gérard Debreu viajou aos EUA em 1948 e ingressou na influente Comissão Cowles, na Universidade de Chicago, para aplicar a matemática às questões econômicas. Em 1983, ele ganhou o Prêmio Nobel por seu trabalho sobre o equilíbrio – como os mercados podem atingir um equilíbrio eficiente, justo e estável entre a demanda dos consumidores e empresas e a oferta de bens e serviços.

Richard EASTERLIN (1926–)

O professor de economia norte-americano Richard Easterlin lançou seu "paradoxo Easterlin" em 1974. Analisando pesquisas sobre a felicidade das pessoas em dezenove países ao longo de três décadas, ele descobriu que a felicidade relatada aumentava com a renda, como era de esperar, mas não variava muito entre os países, apesar das diferenças na renda nacional. Os países ricos nem sempre foram os mais felizes. Os EUA tiveram aumentos no PIB desde 1946, mas um declínio na felicidade ao longo dos anos 1960. Esse paradoxo gerou pesquisas sobre a ligação entre a economia e o bem-estar.

Ernst ENGEL (1821–1896)

Em 1885, o estatístico alemão Ernst Engel introduziu a ideia de "elasticidade" da demanda, mostrando como as mudanças na renda alteravam o nível de demanda. A "lei de Engel" mostrou que, à medida que as pessoas enriquecem, elas aumentam seus gastos em necessidades básicas – como comida – numa proporção menor do que o aumento na renda, mas o seu gasto em supérfluos – como férias – cresce pelo menos à mesma proporção que o aumento na renda.

Eugene FAMA (1939–)

Um ítalo-americano de terceira geração, Eugene Fama foi o primeiro em sua família a ir para a universidade. Nos anos 1960, ele mostrou que é impossível prever o movimento dos preços das ações a curto prazo e que os preços respondem a novas informações quase instantaneamente, o que torna o mercado eficiente. Como pai da "teoria dos mercados eficientes", ganhou o Prêmio Nobel de Economia em 2013.

Milton FRIEDMAN (1912–2006) – Ver p. 118

Ragnar FRISCH (1895–1973)

Nascido na Noruega, Ragnar Frisch originalmente foi um ourives. Um pioneiro no uso da matemática e da estatística na economia, ele cunhou os termos "econometria", "microeconomia" e "macroeconomia". Em 1932, ele fundou o Instituto Oslo de Economia e, em 1969, tornou-se o primeiro vencedor do Prêmio Nobel de Ciências Econômicas, com seu colega Jan Tinbergen.

John Kenneth GALBRAITH (1908–2006)

John Kenneth Galbraith estudou economia no Canadá e nos EUA. Enquanto dava aulas na Universidade de Cambridge, no Reino Unido, ele foi bastante influenciado por John Maynard Keynes (ver p. 111). Durante a Segunda Guerra Mundial, foi vice-chefe do Departamento de Administração de Preços do Governo dos EUA, mas seu apoio aos controles de preços permanentes o levou à renúncia. Ele trabalhou como jornalista, acadêmico e conselheiro econômico do presidente John F. Kennedy e teve sucesso de público em 1958 com seu livro *The affluent society*.

Robert GIFFEN (1837–1910)

"Os bens de Giffen", commodities para as quais a demanda cresce à medida que os preços aumentam, recebem o nome do jornalista financeiro, estatístico e economista escocês Sir Robert Giffen. O bem de Giffen original era o pão (ver p. 40), o alimento básico dos mais pobres na sociedade britânica do século 19. À medida que o preço do pão aumentava, os pobres – que não tinham dinheiro para comprar carne – gastavam mais dinheiro em pão para sobreviver. A demanda aumentou porque eles tinham menos dinheiro para comprar outros alimentos.

Friedrich HAYEK (1899–1992) – Ver p. 100

David HUME (1711–1776)

David Hume foi um dos mais influentes filósofos e economistas britânicos do século 18. Ele ingressou na Universidade de Edimburgo aos

Lista de economistas

doze anos e mais tarde viveu em Paris e Londres antes de retornar a Edimburgo. Escritor prolífico, defendia que a liberdade econômica é essencial para a liberdade política. Ele também mostrou que os preços em um país mudam de acordo com as mudanças em sua oferta de dinheiro. Limitar importações e encorajar exportações não aumentam a riqueza de um país. Em vez disso, à medida que as exportações aumentam e mais ouro entra no país para pagar por elas, os preços dos bens no país também aumentam.

William JEVONS (1835–1882)
O economista britânico William Jevons foi um escritor prolífico sobre lógica e economia. Ele mostrou que o valor de uma commodity depende de sua utilidade para o consumidor, não do custo de produzi-la. Sua ideia de "utilidade marginal" explica o comportamento do consumidor. Você desfruta menos do último chocolate que come do que do primeiro. A utilidade (valor) de cada chocolate extra – sua utilidade marginal – diminui, então você só vai comprar mais se o preço cair, ou comprará um produto diferente que terá mais utilidade.

Daniel KAHNEMAN (1934–) e Amos TVERSKY (1937–1996) – Ver pp. 88-89

John Maynard KEYNES (1883–1946) – Ver p. 111

Paul KRUGMAN (1953–)
O economista norte-americano Paul Krugman é conhecido por seu trabalho pioneiro em comércio internacional e finanças e por sua análise das crises monetárias e da política fiscal (impostos). Em 2008, ganhou o Prêmio Nobel por seu estudo sobre os padrões do comércio internacional, que agora é conhecido como nova teoria do comércio e coloca a geografia no centro da economia. Ele mostrou que o local da atividade econômica é determinado pela preferência dos consumidores por uma diversidade de marcas, pela economia de escala dos produtores e pelo custo de transportar os bens.

Arthur LAFFER (1940–)
Laffer fez parte de um grupo de economistas norte-americanos que, nos anos 1970, recomendou menos interferência do governo nas companhias que forneciam bens e serviços. Ele é mais conhecido pela "curva de Laffer", um gráfico da relação entre os impostos e quanto dinheiro eles levantam que mostra que aumentar os impostos acima de determinado nível significa que o governo pode receber menos arrecadação.

Christine LAGARDE (1956–)
Nascida em Paris, França, Christine Lagarde originalmente estudou direito e trabalhou para um escritório internacional de advocacia antes de seguir uma carreira na política. Ela se tornou ministra de Comércio e Indústria da França em 2005, e mais tarde foi nomeada ministra das Finanças. Em 2011, foi eleita diretora administrativa do Fundo Monetário Internacional.

Thomas MALTHUS (1766–1834)
O economista inglês Thomas Malthus foi afilhado dos filósofos David Hume e Jean-Jacques Rousseau e estudou na Universidade de Cambridge. Ele se tornou pastor da Igreja da Inglaterra, mas é mais famoso por seu estudo sobre a ligação entre o crescimento populacional e a pobreza. Em 1805, tornou-se o primeiro professor de economia política da história.

Alfred MARSHALL (1842–1924)
Um dos mais influentes economistas britânicos e fundador da escola Neoclássica, Marshall trouxe um método científico para o estudo da economia. Seu livro *Princípios de economia* traz uma explicação ampla de todos os aspectos do tema e se tornou um texto básico para estudantes por mais de cinquenta anos. Deu aulas nas universidades de Bristol e Cambridge, e John Maynard Keynes (ver p. 111) esteve entre os muitos alunos influenciados por ele.

Karl MARX (1818–1883) – Ver p. 48

Carl MENGER (1840–1921)
Nascido na Galícia, atual Polônia, Menger foi professor de economia na Universidade de Viena, onde ajudou a desenvolver a teoria da utilidade marginal, explicando o valor dos bens em termos de cada unidade adicional. Seu trabalho sobre isso levou ao rompimento com os pensadores econômicos alemães da época e à fundação da Escola Austríaca de Economia com seus colegas Eugen Böhm von Bawerk, Friedrich von Wieser e outros.

John Stuart MILL (1806–1873)
Mill nasceu numa importante família de pensadores ingleses e se tornou filósofo, político e ativista, além de economista. Suas teorias sobre a liberdade do indivíduo em relação à intervenção do Estado formaram a base do liberalismo político e econômico britânico do século 19. Ele foi membro do Parlamento nos anos 1860 e era um defensor da justiça social. Também foi um oponente da escravidão e, com sua esposa Harriet Taylor, fez campanha pelos direitos das mulheres.

Hyman MINSKY (1919–1996)
Mais conhecido por sua descrição das crises financeiras e pelo "momento Minsky" (ver p. 82), quando uma crise se torna inevitável, Hyman Minsky foi professor de economia na Universidade de Washington, em St. Louis. Seu principal interesse era pelos altos e baixos da economia que podem levar à expansão e à crise. Influenciado por J. M. Keynes, ele recomendava a intervenção do governo nos mercados financeiros.

Ludwig von MISES (1881–1973)
Um dos principais economistas da Escola Austríaca, Von Mises estudou com Eugen Böhm von Bawerk na Universidade de Viena. Ele deixou Viena para ir a Genebra depois que os nazistas assumiram o poder nos anos 1930 e por fim se estabeleceu em Nova York, onde deu aulas na universidade. Suas teorias econômicas anti-socialistas foram uma grande influência sobre Friedrich Hayek e os economistas neoliberais dos EUA durante a segunda metade do século 20.

Franco MODIGLIANI (1918–2003)
Modigliani, judeu e declarado antifascista, deixou sua Itália natal em 1938 para fugir da ditadura fascista de Mussolini. Ele viveu em Paris antes de se estabelecer nos EUA, onde ensinou economia. Mais tarde se tornou

professor do Massachusetts Institute of Technology. Em 1985, ganhou o Prêmio Nobel por seu estudo sobre poupança e mercados financeiros.

Dambisa MOYO (1969–)
Nascida na Zâmbia, a economista que vive em Nova York é mais conhecida por sua oposição controversa à ajuda para os países em desenvolvimento, expressa em seu primeiro livro *Dead aid*. Ela se mudou para os EUA para estudar e mais tarde conseguiu seu PhD em economia em Oxford. Depois de trabalhar no Banco Mundial e no Goldman Sachs, ela dedicou seu tempo a escrever e falar sobre desenvolvimento e economia internacional, mas é também membro do conselho de várias grandes companhias, bancos e organizações beneficentes.

John Forbes NASH (1928–2015)
Covencedor do Prêmio Nobel de Ciências Econômicas, John Nash foi um matemático brilhante cujo trabalho na "teoria dos jogos" ajudou a explicar a forma como interagimos uns com os outros ao tomar decisões econômicas. O filme hollywoodiano *Uma mente brilhante* foi baseado em sua vida, especialmente em sua luta com a esquizofrenia.

Elinor OSTROM (1933–2012)
Elinor Ostrom foi a primeira, e até agora a única, mulher a vencer um Prêmio Nobel Memorial em Ciências Econômicas (que ela compartilhou com Oliver Williamson em 2009). Nasceu em Los Angeles, Califórnia, e depois de estudar na UCLA deu aulas nas universidades estaduais de Indiana e Arizona, onde se tornou conhecida por seu trabalho sobre política, governo e economia e especialmente sobre a produção de bens públicos e serviços.

Vilfredo PARETO (1848–1923)
Embora nascido na França, filho de mãe francesa e pai italiano, Pareto cresceu na Itália, onde estudou engenharia e se tornou engenheiro civil. Mais tarde desenvolveu um interesse por economia e sociologia e, aos 45 anos, tornou-se professor de economia política na Universidade de Lausanne. Ele é mais conhecido por seu trabalho sobre a economia de bem-estar social e distribuição de renda, incluindo a "eficiência de Pareto", que leva seu nome.

Arthur PIGOU (1877–1959)
Aluno de Alfred Marshall na Universidade de Cambridge, o economista inglês Arthur Pigou desenvolveu a ideia de impostos extras, chamados de "impostos Pigouvianos", sobre empresas que criam externalidades, causando prejuízo ou custos para outros. Ele se tornou professor de economia política de Cambridge em 1908 e permaneceu lá até 1943.

Robert PUTNAM (1941–)
O cientista político norte-americano Robert Putnam tem interesse em políticas públicas e mudança social. Em seu livro *Bowling alone*, ele estuda a ligação entre a sociedade e a economia, especialmente nos EUA. As redes sociais da sociedade, que ele chama de "capital social", são um recurso que ele acredita estar diminuindo no mundo moderno.

François QUESNAY (1694–1774)
Um dos primeiros economistas modernos, François Quesnay nasceu em Méré, perto de Versalhes, França. Depois de estudar medicina,

ele se tornou médico na corte real em Versalhes, mas mais tarde dedicou seu tempo à economia, escrevendo seu *Tableau économique*, uma das primeiras descrições do funcionamento da economia, em 1758.

David RICARDO (1772–1823) – Ver p. 67

Joan ROBINSON (1903–1983)
Uma das primeiras mulheres economistas de sucesso, Joan Robinson estudou na Universidade de Cambridge e, depois de um período viajando, voltou para dar aulas. Lá, ela foi influenciada por John Maynard Keynes (ver p. 111) e desenvolveu as ideias dele em suas próprias teorias sobre economia monetária, bem como reavivou o interesse pela economia marxista. Uma grande viajante, também foi pioneira em ideias sobre desenvolvimento econômico.

Dani RODRIK (1957–)
O economista turco Dani Rodrik estudou economia nos EUA, onde atualmente é professor de Economia Política Internacional na Universidade de Harvard, mas mantém ligações fortes com sua Turquia natal. Ele é mais influente nos campos do desenvolvimento econômico e economia internacional, onde examinou minuciosamente os efeitos sociais e econômicos amplos do aumento da globalização e as respostas dos governos a eles.

Jeffrey SACHS (1954–)
Conhecido por seu trabalho de aconselhamento para governos da América Latina e dos antigos países comunistas do Leste Europeu e da União Soviética nos anos 1980 e 1990, Jeffrey Sachs trabalhou mais recentemente em questões de desenvolvimento sustentável e saúde pública. Ele nasceu em Detroit, Michigan, EUA, e estudou na Universidade de Harvard, onde também deu aulas de economia por mais de vinte anos. Desde 2002, é diretor do Earth Institute na Universidade de Columbia (Nova York).

Jean-Baptiste SAY (1767–1832)
Mais conhecido por sua descrição de oferta e procura no mercado, conhecida como "Lei de Say", o economista francês Jean-Baptiste Say nasceu na França, mas terminou seus estudos na Inglaterra. Ele trabalhou como mercador e depois estabeleceu um moinho de algodão, mas também foi editor de uma revista política em Paris, popularizando as ideias econômicas de Adam Smith (ver p. 32).

Joseph SCHUMPETER (1883–1950)
Nascido na Morávia, no então Império Austro-Húngaro, Joseph Schumpeter se mudou para Viena ainda criança, onde estudou na universidade. Ele então se tornou professor das universidades de Czernowitz (atual Ucrânia) e Graz (Áustria). Depois da Primeira Guerra Mundial, foi nomeado ministro das Finanças da Áustria e mais tarde presidente do Biedermann Bank, antes de se mudar para os EUA em 1924. Como Marx (ver p. 48), acreditava que o sistema capitalista é destrutivo, mas descreveu as inovações trazidas pelo capitalismo como "destruição criativa".

Amartya SEN (1933–)
O economista indiano Amartya Sen recebeu o Prêmio Nobel de Economia em 1998 por seu trabalho sobre a economia do bem-estar

social, o estudo de como os recursos podem ser mais bem-distribuídos. Ele estudou na Universidade de Calcutá e depois em Cambridge, no Reino Unido, antes de assumir a carreira de professor em universidades da Índia, EUA e Reino Unido.

Herbert SIMON (1916–2001)

O verdadeiro polímata, Herbert Simon foi um pensador importante em vários campos diferentes, entre eles psicologia, sociologia, ciência da computação e inteligência artificial, bem como política e economia. Reunindo ideias de todos esses temas, ele foi pioneiro em economia comportamental e especialmente na ideia de "racionalidade limitada" (ver p. 88), pela qual recebeu o Prêmio Nobel de Ciência Econômica em 1978.

Adam SMITH (1723–1790) – Ver p. 32

Nicholas STERN (1946–)

O economista britânico Nicholas Stern é ex-vice-presidente do Banco Mundial, mas é mais conhecido como conselheiro do governo britânico em economia e mudança climática. Como chefe de uma equipe contratada pelo Tesouro do Reino Unido, ele publicou o Relatório Stern de Economia e Mudança Climática em 2006, que descreveu a mudança climática como "resultado da maior falha de mercado que o mundo já viu".

George STIGLER (1911–1991)

Um dos principais membros da escola de Chicago de economia ao lado de Milton Friedman (ver p. 118), George Stigler foi vencedor do Prêmio Nobel em 1982. Nascido em Seattle, Washington, EUA, ele estudou na Universidade de Chicago e, depois de dar aulas na Universidade de Columbia em Nova York, retornou a Chicago em 1958. Além de sua pesquisa sobre o comportamento do governo e história da economia, Stigler foi um dos primeiros economistas a explorar o novo campo da economia da informação.

Joseph STIGLITZ (1943–)

O economista norte-americano Joseph Stiglitz se tornou conhecido por seu trabalho em economia da informação, foi conselheiro econômico do presidente Bill Clinton nos anos 1990 e depois economista-chefe do Banco Mundial. Ele critica as economias de livre mercado e especialmente a forma como a globalização é administrada por companhias multinacionais e instituições como o Fundo Monetário Internacional e o Banco Mundial.

James TOBIN (1918–2002)

Como conselheiro econômico do presidente John F. Kennedy nos anos 1960, James Tobin estudou em Harvard, onde conheceu John Maynard Keynes (ver p. 111) e se tornou defensor de suas políticas econômicas. Ele foi um especialista em impostos e sugeriu um imposto conhecido como "imposto Tobin" sobre transações financeiras para desencorajar a especulação nos mercados financeiros.

Yanis VAROUFAKIS (1961–)

Nascido em Atenas, Grécia, o autointitulado "marxista libertário" Yanis Varoufakis estudou matemática no Reino Unido antes de migrar para a economia em seu PhD. A partir de 1988 ele deu aulas na Universidade de Sydney, Austrália, mas retornou à Grécia em 2000, dando aulas na Universidade de Atenas e trabalhando como conselheiro do governo. Em 2015, foi nomeado ministro das Finanças do governo de esquerda do Syriza, mas renunciou ao cargo meses depois. Sua saída se deu em protesto contra os termos austeros impostos por instituições financeiras internacionais sobre a Grécia em troca do resgate econômico (ver p. 107).

Thorstein VEBLEN (1857–1929)

Criado em uma fazenda em Minnesota, EUA, numa família de imigrantes noruegueses, Thorstein Veblen rejeitou muitas das visões tradicionais dos economistas da época. Ele desenvolveu uma abordagem pouco convencional, combinando a sociologia e a economia, que foi crítica do capitalismo. Em *The theory of the leisure class*, descreveu a ideia de "consumo ostensivo" e dos "bens de Veblen" (ver p. 59), que receberam seu nome.

Léon WALRAS (1834–1910)

O economista francês Léon Walras estudou engenharia e tentou várias carreiras, incluindo o jornalismo e administração de banco, antes de se voltar para a economia. Ele trouxe a formação em matemática ao seu estudo de economia quando foi nomeado professor de economia política na Universidade de Lausame, na Suíça, onde desenvolveu suas teorias de valor marginal e equilíbrio dos mercados.

Marilyn WARING (1952–)

A política e economista Marilyn Waring nasceu em Ngaruawahia, Waikato, Nova Zelândia. Ela foi eleita para o Parlamento da Nova Zelândia aos 23 anos, mas deixou a política em 1984 para se dedicar à carreira acadêmica. Seu livro *If women counted* foi um marco na economia feminista, apontando como os estudos de economia ignoravam a contribuição das mulheres à economia.

Beatrice WEBB (1858–1943) e Sidney WEBB (1859–1947)

A economista, historiadora e ativista Beatrice Webb e seu marido Sidney foram figuras-chave no movimento sindicalista britânico, no movimento de cooperativas, na Fabian Society socialista e na formação do Labour Party – um dos principais partidos políticos do Reino Unido. Juntos, os Webb defenderam reformas sociais, incluindo o salário mínimo e o estado de bem-estar social. Além de escrever vários livros juntos, eles estiveram entre os fundadores da London School of Economics.

Max WEBER (1864–1920)

Nascido em Erfurt, Alemanha, Max Weber foi um dos fundadores do estudo moderno de sociologia, dando aulas em várias universidades alemãs. Em seu ensaio *A ética protestante e o espírito do capitalismo*, ele descreveu como a atmosfera social e religiosa do norte da Europa se combinou com o capitalismo e a industrialização para trazer crescimento econômico.

Friedrich von WIESER (1851–1926)

Um importante membro da Escola Austríaca de Economia, Friedrich von Wieser trabalhou como funcionário público antes de se tornar professor da Universidade de Viena. Suas contribuições para a teoria econômica incluem o trabalho sobre a ideia de utilidade marginal (ver p. 41) e as teorias de valor e a noção de custo de oportunidade.

Glossário

Ações
Unidades de propriedade de uma *companhia* que são vendidas a investidores em troca de *capital* para desenvolver a empresa.

Ativo
Coisas que alguém possui que podem ser usadas como recurso, tais como dinheiro, propriedades ou equipamentos. Dinheiro a ser recebido, inclusive o pagamento futuro por bens, ou uma dívida pendente, também são considerados ativos.

Balança comercial
A diferença de valor entre as *importações* e *exportações* durante um período.

Balança de pagamentos
O total de dinheiro que entra num país vindo de fora por meio das exportações menos todo o dinheiro que sai para pagar por importações durante um determinado período.

Bens
Um termo para produtos físicos ou matérias-primas que são vendidos para satisfazer a *demanda* dos consumidores.

Capital
Os meios de *produção*, o dinheiro e *ativos* físicos que uma empresa possui para produzir bens e serviços e gerar receita.

Capitalismo
Um sistema econômico no qual os meios de *produção* são de propriedade privada, empresas competem para vender *bens* e gerar *lucro* e

trabalhadores trocam seu trabalho por um salário.

Cartel
Firmas que cooperam para fixar o preço de seus *bens* ou restringem sua produção para aumentar o preço.

Commodity
Qualquer produto ou serviço que pode ser comercializado. Normalmente se refere a matérias-primas (como petróleo ou trigo) mais ou menos da mesma qualidade, não importa quem as forneça, que podem ser compradas em grande quantidade.

Companhia
Uma empresa na qual duas ou mais pessoas trabalham juntas para fabricar um produto ou oferecer um serviço. Grandes companhias costumam ser chamadas de *corporações*.

Comunismo
Inventado por Karl Marx, um sistema político e econômico de igualdade no qual as propriedades e os meios de *produção* são coletivos. É semelhante ao *socialismo* e contrário ao *capitalismo*.

Concorrência
A concorrência surge quando dois ou mais produtores tentam ganhar a preferência de um consumidor, oferecendo o melhor negócio. Mais concorrência significa que as firmas serão mais eficientes e os preços, menores.

Consumo
A compra, e o valor, de *bens* e *serviços*.

Governos somam as compras individuais para calcular o valor do consumo nacional. Quanto mais recursos uma sociedade consome, menos dinheiro ela poupa ou *investe*.

Corporação
Uma *companhia* que é legalmente autorizada a agir como uma entidade única, de propriedade de acionistas que elegem diretores para administrar o negócio.

Cota de importação
O limite que um país impõe sobre o número de *bens* importados de outro país.

Crédito
Um pagamento protelado. Um credor empresta dinheiro ao tomador de empréstimo que deve pagar mais tarde. Uma conta bancária tem "crédito" quando tem fundos para pagar suas dívidas.

Crescimento
Um aumento na produção de uma economia ao longo de um período de tempo. Ele pode ser medido comparando o *PIB* de um país com o de outro, per capita (por cabeça da população).

Custo de vida
O custo médio de necessidades básicas, tais como comida e habitação. É uma medida de quanto custa ter um padrão aceitável de vida em diferentes cidades ou países.

Débito
Uma promessa feita por uma parte (o tomador de empréstimo) para outra

Glossário

(o credor) de pagar de volta um empréstimo.

Déficit
Um desequilíbrio. Um déficit comercial significa que as *importações* são maiores que as *exportações*. Um déficit no *orçamento* do *governo* significa que os gastos públicos são maiores que a arrecadação de *impostos*. O contrário de *superávit*.

Deflação
Uma queda persistente dos preços de *bens* e *serviços* ao longo do tempo. O contrário de inflação.

Demanda
A quantidade de *bens* e *serviços* que uma pessoa ou um grupo de pessoas desejam e podem comprar. Quanto maior a demanda, mais alto o preço.

Depressão
Um declínio severo e de longo prazo na atividade econômica, no qual a *demanda* e a *produção* caem, o desemprego sobe e o *crédito* é escasso.

Desenvolvimento
As políticas e o *investimento* pelos quais uma nação faz sua economia crescer e melhora a qualidade de vida de seu povo – ou busca assistir outras pessoas em países mais pobres, em desenvolvimento.

Divisão do trabalho
A alocação de tarefas para indivíduos ou organizações de acordo com suas habilidades ou recursos, para melhorar a eficiência e aumentar a *produção*.

Economia Clássica
Desenvolvida por Adam Smith e outros, do século 18 ao 20, esta abordagem se concentrava no crescimento das nações e nos *mercados* livres, nos quais a busca do benefício próprio produz benefícios econômicos para todos.

Economia behaviorista
Um ramo da economia que estuda os efeitos de fatores psicológicos e sociais sobre as decisões.

Economia de livre mercado
Um sistema de economia de *mercado* no qual as decisões sobre a *produção* e os preços são tomadas por indivíduos e *companhias* privadas, com base na *oferta* e *procura*, com pouco ou nenhum controle do *governo*.

Economia Neoclássica
A abordagem dominante na economia atualmente. Ela se desenvolveu a partir das ideias de livre mercado da *economia clássica* e é baseada nos conceitos de *oferta* e *demanda* e nos indivíduos fazendo escolhas racionais.

Empréstimo garantido
Um empréstimo que é garantido por *ativos* que pertencem ao tomador. Se o tomador não paga o empréstimo, o credor fica com os *ativos*. Uma *hipoteca* usa propriedades para garantir o empréstimo.

Escambo
Um sistema de trocas no qual *bens* ou *serviços* são trocados para pagar uns pelos outros diretamente, sem o uso de um meio de troca como o dinheiro.

Escola Austríaca
Fundada por Carl Menger no final do século 19, esta escola de economia atribuía toda a atividade econômica às escolhas e às ações dos indivíduos e era contrária à intervenção do governo.

Escola de Chicago
Um grupo de economistas do livre mercado, cujas ideias de limitar o papel do *governo* e de desregulação se tornaram amplamente aceitas nos anos 1980.

Exportações
A venda de *bens e serviços* para outros países. O contrário de *importações*.

Externalidade
Um custo ou benefício de uma atividade econômica que afeta pessoas que não estão envolvidas com aquela atividade e não se reflete no preço. Por exemplo, o barulho de um aeroporto pode baixar o valor das casas nos arredores, mas abelhas criadas para produzir mel podem polinizar as plantações das fazendas vizinhas.

Falência
Uma declaração legal de que um indivíduo ou uma firma é incapaz de pagar suas dívidas.

Globalização
O fluxo livre de dinheiro, *bens* ou pessoas pelas fronteiras internacionais, levando a *mercados* cada vez mais integrados e à interdependência econômica entre os países.

Governo
Um sistema ou um processo de administrar um país, ou as pessoas que o administram. Economistas debatem o envolvimento do governo na economia.

Glossário

Hedge
Reduzir o risco assumindo outro risco para compensar o já existente. Os fundos hedge são fundos de *investimento* que reúnem *capital* de um número limitado de indivíduos e instituições abastados e investem em uma variedade de *ativos*.

Hipoteca
Um empréstimo baseado no valor de uma propriedade. O empréstimo é usado para comprar a propriedade ou o dinheiro pode ser usado por seu proprietário para levantar fundos para outros propósitos. Se o tomador do empréstimo não o paga, o credor pode tomar e vender a propriedade. Uma hipoteca é uma espécie de *empréstimo garantido*, no qual a propriedade serve de garantia.

Importações
A compra de *bens* e *serviços* de outros países. O contrário de *exportações*.

Imposto
Uma cobrança imposta sobre as firmas e os indivíduos pelo *governo*. Seu pagamento é garantido por lei.

Inadimplência
O não pagamento de um empréstimo de acordo com os termos acordados.

Investimento
Uma injeção de *capital* com o objetivo de aumentar a *produção* e os *lucros* futuros.

Juros
O custo de pegar dinheiro emprestado. Os pagamentos de juros recompensam os credores pelo risco que assumem ao emprestar seu dinheiro.

Keynesianismo
Uma escola de pensamento econômico a favor dos gastos do *governo* para tirar as economias da *recessão* e baseada nas ideias do influente economista do século 20 John Maynard Keynes.

Laissez-faire
Termo em francês que significa "deixe fazer", e é usado para descrever os *mercados* que são livres da intervenção do *governo*.

Livre comércio
A *importação* e a *exportação* de *bens* e *serviços* sem restrições como *tarifas* ou *quotas* impostas por *governos* ou outras organizações.

Lucro
A *receita* total de uma firma menos os custos totais.

Macroeconomia
O estudo da economia como um todo, observando fatores como *taxas de juros*, inflação, *crescimento* e desemprego. Um campo de estudo diferente da *microeconomia*.

Mercado
Um lugar, físico ou virtual, onde *bens* e *serviços* são comprados e vendidos.

Mercado de ações
O *mercado* no qual as ações são compradas e vendidas.

Mercado de touro
Um período de aumento do valor das *ações* ou outras *commodities*. O contrário de *mercado de urso*.

Mercado de urso
Um período de declínio no valor das *ações* ou outras *commodities*. O contrário de *mercado de touro*.

Mercantilismo
Uma doutrina que dominou a economia do século 16 ao 18. Ela enfatizava o controle do *governo* sobre o comércio internacional para manter uma *balança comercial* positiva e uma *oferta* abundante de dinheiro.

Microeconomia
O estudo de detalhes específicos que juntos fazem a economia, tais como o comportamento econômico de lares, firmas ou *mercados*. Um campo de estudo alternativo à *macroeconomia*.

Monopólio
Um *mercado* no qual há apenas uma firma. Livre de *concorrência*, a firma geralmente tem uma produção pequena, que vende a preços altos.

Multinacional
Opera em vários países. Uma corporação multinacional (ou transnacional) é uma *companhia* grande que produz bens no exterior.

Nacionalização
A transferência de propriedade de uma firma ou *indústria* do setor privado para o setor público (Estado), passando a pertencer ao *governo*. O contrário de *privatização*.

Neoliberalismo
Uma abordagem dos estudos econômicos e sociais que defende o *livre comércio* e maior *privatização*, além de intervenção mínima do *governo*.

Glossário

Oferta
A quantidade de um produto que está disponível para compra.

Oferta e procura
As duas forças que movem a economia de *mercado*. Pouca *oferta* e muita *procura* tendem a fazer os preços subirem; muita *oferta* e pouca *procura* tendem a fazer os preços cairem.

Orçamento
Um planejamento financeiro que lista todas as despesas planejadas e a renda.

PIB
Produto Interno Bruto. Uma medida da receita nacional durante um ano. O PIB calcula a produção anual de *bens* e *serviços* de um país e costuma ser usado para medir a atividade econômica e a riqueza de um país.

PNB
Produto Nacional Bruto. O valor total de *bens* e *serviços* produzidos em um ano pelas empresas de um país, quer sua *produção* aconteça no país ou no exterior.

Política monetária
Políticas do *governo* destinadas a mudar a *oferta* de dinheiro ou as *taxas de juros*, para estimular ou desacelerar a economia.

Privatização
Venda de empresas que são de propriedade do governo para investidores privados. O contrário de *nacionalização*.

Produção
O processo de criar *bens* ou *serviços* para venda. Também a quantidade total produzida ao longo de um determinado período.

Produtividade
A medida de produção de um indivíduo, uma *companhia* ou um país inteiro. É normalmente calculada dividindo a produção total ao longo de um determinado período pelo número de horas trabalhadas ou pelo número de trabalhadores.

Protecionismo
Uma política que visa proteger a economia de um país dos competidores externos, impondo barreiras comerciais como *tarifas* ou *quotas* sobre importações.

Receita
A quantidade total de dinheiro recebida por uma empresa ao longo de um determinado período. Também a arrecadação total do *governo* proveniente de *impostos* e outras fontes.

Recessão
Um período durante o qual a *produção* total de uma economia diminui. Uma recessão severa e duradoura é chamada de *depressão*.

Serviços
Produtos intangíveis, tais como cabeleireiro, transporte e bancos. Serviços e *bens* são os dois componentes básicos da atividade econômica.

Socialismo
Um sistema político e econômico de igualdade social no qual a propriedade e os meios de *produção* pertencem ao *governo* e são administrados por ele em prol dos trabalhadores, que recebem um salário. Menos extremo que o *comunismo*, ambos os sistemas são opostos ao *capitalismo*.

Subsídio
Dinheiro pago pelo *governo* para manter os preços artificialmente baixos e proteger empresas que de outra forma teriam dificuldades para competir com produtos *importados*.

Superávit
Superávit comercial é quando as *exportações* são maiores que as *importações*. O superávit no *orçamento* do *governo* é quando a arrecadação *de impostos* é maior do que os gastos públicos. O contrário de *déficit*.

Tarifa aduaneira
Imposto que um país coloca sobre as *importações*.

Taxa de juros
O preço de emprestar dinheiro. A taxa de juros sobre um empréstimo geralmente é estabelecida como uma porcentagem da quantia que deve ser paga por mês ou ano, além da soma original de dinheiro emprestada.

Título
Uma forma de empréstimo usada para levantar *capital*. Também conhecidos como securities, os títulos são emitidos por um *governo* ou uma firma em troca de uma soma de dinheiro; o emissor do título concorda em pagar a soma emprestada mais *juros* em uma data no futuro.

Trader
Indivíduo que realiza a compra e venda de ações ou outros ativos negociados em bolsa em nome de alguma instituição ou para si próprio.

Índice remissivo

Observação: páginas em **negrito** indicam informações essenciais sobre o tópico.

A

acionistas 44, 48–9, 51, 100
ações 15, 44, 48, 49, 51, 72-3, 81-82, 101, 129
ações de companhias 82
acordos de empréstimo 79
administração de recursos 27, 30–1, 60
administradores 51-52, 87, 109, 119
agiotas 120
agricultura 36, 42–43, 93,105
água 30, 60, 92, 110, 112
ajuda 112-3, 121
ajuda estrangeira 112–3
Alemanha de Weimar 84–85
Allais, Maurice 148
altcoins 23
aluguel 131–132, 147
analistas 8, 89
analistas financeiros 83
aposentadoria 145
aquecimento global *ver* mudança climática
aumento populacional 30–-31, 71, 92

B

Banco Central Europeu 107
Banco da Inglaterra 103
Banco Mundial 106, 110, 113
bancos
contas bancárias 12-13, 20, 128–9
desregulação bancária 90
empréstimos 100-1,
116–7, 135, 146
falência bancária 91, 101, 117
oferta de dinheiro 102–3
poupança 142–3
benefício próprio 86–7
benefícios sociais 111, 118, 126, 145
bens de alta qualidade 53
bens de capital 31, 37
bens de consumo 37
"bens de Giffen" 40
bens de luxo 43, 53, 58–59
bens e serviços 14–5, 36–7
distribuição de 32–3
oferta e procura **38–40**
valor de 40–1, 99
bens manufaturados 37, 41, 43, 48, 58
bens públicos 74–7
bitcoin 22-3, 27
Bodin, Jean 148
bolha "ponto com" 73
Bolha dos Mares do Sul 73
bolhas econômicas **72-3**
Buffett, Warren 78, 81, 143

C

caixa eletrônico 21, 128, 141
capital, levantar 45
capitalismo 42-3, 47, 49
carreiras 125, 127
cartéis 75
cartões bancários 26, 128
cartões clonados 26
cartões de crédito 7, 12, 20-1, 128, 135, 141
cartões de débito 7, 12, 20-1, 128, 141
cartões inteligentes 21
casa de câmbio 18-9,
140–1
casa própria
custo da 131, 134
comprar 145, 147
cooperativas habitacionais 54–5
cédulas 16–17, 20
Chang, Ha-Joon 148
cheque especial 128–9, 135
cheques 12, 20
ciclo dos negócios 71
classificação de crédito 134
cobrança de comissão 140–1
combustíveis fósseis 95, 114–5
comércio 7, 24, 106
ético **34–5**
livre 66–7
comércio internacional 66–9, 99, 104
comércio justo 34–5
Comissão Europeia 107
commodities raras 40
companhias de capital aberto 44–5, 48–9, 100
companhias estatais 49, 101
comportamenro de manada 72–3
compra por impulso 133
compras 58–9, 133
comunismo 24–25, 47–9, 65
concorrência 46–7, 61, 86
falta de 74–5
condições de trabalho 34–5, 56, 65, 95, 108, 120, 137
conselheiros financeiros independentes 9, 128, 146
Consenso de Washington 107
consumismo 59
contadores 9
contrabando 94
contratos futuros 78, 82
cooperativas 54–5, 87
cooperativas de consumo 55, 87
cooperativas de crédito 54
cooperativas de trabalhadores 54, 87
copropriedade 48–9
corporações multinacionais 69, **108–9**
corporações transnacionais 69
corporações, grandes 49, 61, 69
corretores 8, 80–3
corrupção 113
credores 45
crescimento econômico 70–1 94, 104
crescimento sustentável 109
crime 23, 26–27, 65
criptomoedas **22-3**
crise financeira (2007-8) 90–1, 116
custo de oportunidade 41, 124–125
custo de vida 99–100
custos
novo negócio 51, 100
produção 50–1
custos de produção 50–1, 69

D

déficit 99
demanda *ver* oferta e procura
depósitos 102–3, 117
depressão 70
derivativos 78–79, 82–3
desastres naturais 30, 121

Índice

desemprego 57, 111, 126, 145, 147

desigualdade 87, 110-1, 118-19, 120-1

despesas
cortando custos 132-3
e poupança 129
inesperadas 144-5
orçamento 130-1

devedores 45

diferença de gênero 136

diferença salarial 118-9

dinheiro
compra e venda 19
eletrônico 20-3
invenção do 6
oferta 102-3
valor do 13, 20

dinheiro "virtual" 21, 27

dinheiro de viagem **140-1**, 146

dinheiro em espécie 12, 20-1, 26, 128-9

direitos dos trabalhadores 56

direitos/proteção dos consumidores 65, 87, 95, 133

diretores 44, 49, 51

dívida
cancelamento de 113
nacional 99
países pobres 111, 113

dividendos 44

divisão de trabalho 52

dólar norte-americano 16, 18-9, 27, 140, 141

E

Easterlin, Richard 148

economia **6-7**, 25-6

economia aplicada 9

economia de comando 47

economia de escala 53

economia de *laissez-faire* 25, 47, 64-5

economia do desenvolvimento 9

economias de mercado 24, 47
flutuações nas 70-1

economias mistas 49, 65

economias sustentáveis 71

economistas 8-9
escolas de pensamento 24-6
lista de 148-51
previsões 26
economistas acadêmicos 8-9

economistas pesquisadores 8

economistas políticos 8

emergências 142, 144-5

emissões de carbono 92-3, 95, 115

emprego 56-7
equilíbrio com vida pessoal **124-5**
ganhando a vida 126-7
sem perspectiva 120

empresas
financiamento **100-1**, 134
operação **50-1**, 52-3
propriedade 48-9

empréstimo 83, 90, 100-1, 102-3, **116-17**, 120, 129, **134-5**, 145-7

empréstimos estudantis 134

energia 36, 114-5

energia renovável 115

Engel, Ernst 148

engenharia financeira 83, 90

escassez 30, 38-9
valor 40

Escola Austríaca 24-5, 100

Escola Behaviorista 24, 88-9

Escola Clássica 25, 41

Escola de Chicago 24, 118

Escola Keynesiana 24

Escola Marxista 24, 41, 64

Escola Neoclássica 24-5

estágio profissional 127

ética 34-5
o euro 18-9, 140

evasão fiscal 77

excedente 38-9, 57, 99

expansão e crise 65, 71

exploração do trabalhador 34-5, 95, 120, 137

exportações 43, 66-9, 95

externalidades 75

F

fábricas 42, 48, 53, 137

falácia do apostador 89

falência 45

falsificação 26

Fama, Eugene 148

Federal Reserve 103, 135

férias 140-1, 146

filantropia 121

financiamentos 117, 131, 134, 144-5

fontes de energia sustentável 115

Ford, Henry 100

fraude 103

free-riding 75

Friedman, Milton 25, 86, 95, 118

Frisch, Ragnar 148

Fundo Monetário Internacional (FMI) 106-7, 117

G

Galbraith, John Kenneth 17, 49, 57, 148

ganância 86-7

garantia (empréstimo/ financiamento) 101, 117, 134, 146

gases de efeito estufa 92-3, 95, 114

gasto público 75

Giffen, Robert 40, 148

globalização **68-9**, 118
prós e contras **108-9**

Grande Depressão 25, 71, 111

Grande Recessão 91

Grécia, resgate/crise da dívida 107, 116

greves 56

H I

Hayek, Friedrich 24-5, 100, 118

heurística 89

hiperinflação **84-5**

hipotecas subprime 90

"homem econômico" 88-9

horas de trabalho 60, 124-5

Hume, David 32, 148-9

iene japonês 18-9

igualdade racial 137

imigração 69

imperialismo 104-5

importação 43, 65-9, 94

imposto de renda 77, 95

Índice

imposto direto 77
imposto indireto 77
impostos 65, 76–7, 93, 95, 118
impostos sobre vendas 77
inadimplência 116–7
"Índice Big Mac" 120
indústria da construção 37, 43
industrialização 92, 95, 104–5
indústrias 42–3
    e a globalização **108–9**
    e o meio ambiente **92–3**
    nacionalizadas 49
inflação 84–5
informação assimétrica 74
infraestrutura 105, 108–9, 113
insider trading 74, 87
instituições financeiras
    internacionais **106–7**, 113
instrumentos financeiros 82
internet 43, 53, 147
investidores/investimentos 48–9, 94, 101, 118, 128–9, 142–3
investimento estrangeiro 105

J K L
Jevons, William 149
juros 116–7, 129, 135, 142–3
juros compostos 143
Kahneman, Daniel 72, 88–9
Keynes, John Maynard 25, 32, 47, 64, 111, 117
Krugman, Paul 67, 117, 149
Laffer, Arthur 77, 149
Lagarde, Christine 149
levantar fundos 100
liberdade e igualdade 119

liberalismo 65
libra esterlina 6
linhas de montagem 53
lucro 5–1
    participação no 101

M
macroeconomia 9, 27, 111
Madoff, Bernie 103
Malthus, Thomas 92, 149
malversação financeira 90
Marshall, Alfred 24–5, 38, 149
Marx, Karl 15, 24–5, 33, 41, 47–8, 64, 87
matéria-prima 36, 50–1, 53, 69, 108
mecanização 42–3, 57
meio ambiente 34, 71, 75, 77, 92–3, 95, 108
meio de troca 12, 16–20
Menger, Karl 149
mercado de câmbio 19, 78
mercado de touro 80
mercado de trabalho 56–7
mercado de urso 80
mercado livre 25, 46–7, 49, 64–5, 71, 77, 86–7
    áreas de livre comércio 68
    comércio livre 66–7
    e desigualdade 118–9
mercado futuro 78–81
mercados 7, 14–15
    de ações 15, 45, 72–3, 80–2
    de commodities 15, 78
    de nicho 61
    especializados 15
    falhas dos 74–5
    regulação dos 64–5, 71
    microeconomia 9, 27
Mill, John Stuart 42, 149
Minsky, Hyman 82, 149

Mises, Ludwig von 47, 149
mobilidade social 119
Modigliani, Franco 149
moeda corrente 17–8
moeda digital 22–3
moedas 16–9
    digital 22–3
    dinheiro de viagem 140-1
    fiduciárias 17
    fixas 106
    moeda única mundial 27
    moedas descentralizadas 22
moedas em espécie 16–7
momento Minsky 82
monopólios 46, 74–5
Moyo, Dambisa 113, 150
mudança climática 74, **92-3**, 95, 114–5

N O
NASDAQ (National Association of Securities Dealers Automated Quotation) 15
Nash, John Forbes 150
notas promissórias 20
obsolescência 61
oferta e procura 14–5, 31–3, **38–9**
    criando demanda 39
    equilíbrio de 64, 70
    e salários 136
ofertas 60
orçamento 130–5, 146
Organização das Nações Unidas (ONU) 110
Organização Internacional do Trabalho (OIT) 106
Organização Mundial do Comércio (OMC) 106
organizações beneficentes 112, 121

Ostrom, Elinor 150
ouro 16–7

P
pacotes de empréstimos 83, 90
padrão de vida 70–1, 98–9, 104, 111, 118, 121
padrão ouro 16
pagamentos sem contato 7
países em desenvolvimento **104-5**
    ajuda aos 112–3
    e globalização 108–9
    pobreza e dívida **110-11**, 113
papel-moeda 6–7, 17
Pareto, Vilfredo 150
pegada de carbono 95
pequenas empresas 48, 51
petróleo 30, 60, 78, 105, 114, 121
Pigou, Arthur 150
PIN (número de identificação pessoal) 21, 147
planejando o futuro 144–5
pobreza 104–5, 109–11
    e ajuda estrangeira 112–3, 121
    armadilha da pobreza 111, 113
    pobreza absoluta 100-11
    relativa 111
política 65
políticas de austeridade 91
poluição 75, 77, 92–3, 95, 108
Ponzi, Charles 103
poupança 7, 12–, 128–9, 131, 134, **142-3**, 146
prata 16–7
preços
    como medida do valor 13
    e concorrência 46

Índice

e condições de trabalho 35, 120, 137

oferta e demanda 38–9, 78

hiperinflação 84–5

prestações 134–5, 146, 147

previsões econômicas 80–1, 94

problema econômico 30-1, 32

procura *ver* oferta e procura

produção em massa 52–3

produção no exterior 53, 69

produtividade

administrando uma empresa eficiente 52–3

e concorrência 46

Produto Interno Bruto (PIB) 98–9

per capita 99, 118

redução do 91

propriedade, investimento em 143

protecionismo 67–8

psicologia e economia 88–9

Putnam, Robert 150

Q R

Quebra de Wall Street 71

Quesnay, François 150

racionalidade limitada 88

recessão 70-1, 91

recursos feitos pelo homem 31

recursos humanos 31, 53

recursos naturais 30–1, 60, 71, 92, 93, 105, 108

relaxamento monetário 103

renda *ver* salários

responsabilidade limitada 44

Revolução Industrial 24, 42–3, 58

Ricardo, David 67

riqueza

distribuição da 24, 65, 104–5, 118–9

e pobreza 104–5, 110

medir a riqueza de um país 98–9, 118, 120

risco 80–3, 117

risco moral 117

S

Sachs, Jeffrey 150

salários 42, 50, 56

e equilíbrio na vida pessoal 124–5

e orçamento 130–1

em países em desenvolvimento 108–9

ganhando a vida **126–7**

para diferentes ocupações 136–7

Say, Jean-Baptiste 150

Schumpeter, Joseph 47, 150

securities **82–3**, 90

segurança cibernética 27

seguros 145–7

Sen, Amartya 150

senhas 147

serviços bancários online 128

serviços públicos 65

serviços *ver* bens e serviços

setor de serviços 36–7, 43, 53, 59–60

setor do comércio 51, 58–9

símbolos de status 59

Simon, Herbert 25, 88–9, 151

sindicatos 56

sistema de troca 16

sistemas de pagamento peer-to-peer 22

smartphones 21

Smith, Adam 21, 24, 32–3, 41, 44, 52, 79, 86, 105

socialismo 49, 65, 87, 119

sociedade de consumo 58–9

sociedade pós-industrial 43, 60

Stern, Nicholas 74, 151

Stigler, George 151

Stiglitz, Joseph 151

subsídios estatais 65, 75, 101

T U

tarifas 67

taxa de câmbio 18–9, 140–1

tecnologia 61

tecnologia da informação 43, 53, 61

tempo de lazer 59–60, 124–5, 131

tendências do mercado 81

teoria do gotejamento 119

teoria do valor-trabalho 41

testamentos 145

títulos 45, 80–2, 101

títulos de dívida 82–3

títulos do governo 82

ajuda estrangeira 112–13

benefícios sociais 111, 118, 126, 145

e administração de recursos 32

e indústria 49

empréstimos 101

e resgate aos bancos 91, 101, 117

níveis de intervenção 25, 33, 47, 64–5, 71, 74, 87, 111

provisão de bens e serviços 76–7

Tobin, James 151

tomada de decisão **88-9**

trabalho 31, 56–7, 106

administração do 51

custos 53, 69

divisão do 52

em países em

desenvolvimento 108–9

movimento do 69

trabalho autônomo 127

trabalho compartilhado 127

trabalho escravo 35, 95, 120

trabalho infantil 35, 95, 120, 137

trabalho pouco qualificado 109, 136

trabalho qualificado 56–7

trabalho sazonal 57

transações eletrônicas 20–2

transações online 21–2, 59

Tulipomania 72

Tversky, Amos 88–9

União Europeia 19

unidade de contagem 13

utilidade 40–1

utilidade marginal 41

V W

valor

armazenar 7, 12–3

de bens 40–1

paradoxo do 40–1

teoria do valor-trabalho 41

vantagem comparativa 67

Varoufakis, Yanis 151

Veblen, Thorstein 59, 151

vendas, receita das 50–1

Walras, Leon 25, 151

Waring, Marilyn 151

Webb, Beatrice e Sydney 151

Weber, Max 151

Wieser, Friedrich von 151

Z

Zimbábue, hiperinflação no 85

Zona do Euro 19, 140

Agradecimentos

Dorling Kindersley gostaria de agradecer a Derek Braddon por escrever a introdução (pp. 6-7); John Farndon por escrever as páginas Em Foco; Camila Hallinan por escrever o Glossário; Hazel Beynon por revisar o texto; e Helen Peters pelo índice.

Pela gentil permissão de reproduzir suas fotografias, a editora gostaria de agradecer a:

(Legenda: a-alto; b-baixo; c-centro; l-longe; e-esquerda; d-direita; t-topo)

6 **Dreamstime.com:** Ilfede (c); Mariasats (cl). **6–7 Dreamstime.com:** Wiktor Wojtas (c). **7 Dreamstime. com:** Robyn Mackenzie (c); Paul Prescott (ce); Franz Pfluegl (cd). **10 Dreamstime.com:** Frenta. **15 Corbis:** Ed Eckstein (td). **16 Corbis:** Mark Weiss (bc). **19 Corbis:** Photomorgana (td). **21 Dreamstime.com:** Monkey Business Images (bd). **25 Dreamstime.com:** Pariwatlp (bd). **28–9 Dreamstime.com:** Bo Li. **30 Corbis:** Bojan Brecelj (bc). **32 Corbis:** Stefano Bianchetti (bd). **37 Dreamstime.com:** Zorandim (bd). **39 Corbis:** Lynn Goldsmith (bd). **40 Dreamstime.com:** Matyas Rehak (bc). **42 Bridgeman Images:** Universal History Archive/ UIG (bc). **46 Dreamstime.com:** Dave Bredeson (ce). **48 Corbis:** AS400 DB (bc). **51 Corbis:** Helen King (bd). **53 Corbis:** (cd). **56 Dreamstime.com:** Konstantinos Papaioannou (bc). **62–3 Dreamstime.com:** Wiktor Wojtas. **65 Corbis:** Mike Segar/Reuters (bd). **67 Corbis:** AS400 DB (tc). **69 Dreamstime.com:** Yanlev (bd). **71 Corbis:** (bd). **75 Dreamstime.com:** Tebnad (cdb). **77 Dreamstime.com:** Tatiana Belova (bd). **79 Dreamstime.com:** Kasto80 (bd). **80 Dreamstime.com:** 3quarks (be). **82 Dreamstime.com:** Audiohead (bc). **87 Dreamstime.com:** Andrey Burmakin (bd). **88 Corbis:** Carsten Rehder/dpa (bc). **92 Dreamstime.com:** Alexmax (bc). **99 Corbis:** Harish Tyagi/Epa (bd). **100 Corbis:** Hulton-Deutsch Collection (bc). **103 Alamy Images:** Zuma Press Inc. (td). **105 Dreamstime.com:** Sergiy Pomogayev (td). **108 Dreamstime.com:** Karnt Thassanaphak (bc). **111 Corbis:** Bettmann (bd). **113 Dreamstime.com:** Komprach Sapanrat (bd). **116 Dreamstime.com:** Joophoek (bc). **118: Corbis:** Roger Ressmeyer (bc). **122–3 Dreamstime.com:** Alexkalina. **125 Dreamstime.com:** Tom Wang (td). **126 Dreamstime.com:** Diego Vito Cervo (be). **128 Dreamstime.com:** Maxuser2 (bc). **131 Dreamstime. com:** Nasir1164 (td). **133 Dreamstime.com:** Ljupco Smokovski (td). **134 Dreamstime.com:** Andrey Popov (bc). **139 Dreamstime.com:** Rangizzz (bd). **141 Dreamstime.com:** Matyas Rehak (bd). **143 Corbis:** Bombzilla (bd). **145 Dreamstime.com:** Epicstock (bd).

Imagens da capa: Front: **123RF.com:** Lorna Roberts (tc, cea); Sylverarts (bd). Back: **123RF.com:** Lorna Roberts (ce); Sylverarts (cdb); **Dreamstime.com:** Sylverarts (td). **iStockphoto.com:** Sylverarts (cea). Spine: **Dreamstime.com:** Sylverarts (t).

Todas as outras imagens © Dorling Kindersley

Para mais informações, ver: www.dkimages.com